재미있어야
영어가 들린다

재미있어야 영어가 들린다

웹소설 오디오북에서 미드, 영화까지:
들리는 영어를 위한 콘텐츠 가이드북

한지우 지음

느리게걷다

 목차

서문 11

1. 워밍업 21

2. 트레이닝 25

3 오디오북

<마더 오브 러닝> 38
<원더링 인> 40
<라이프 리셋> 43
<헝거 게임> 45
<해리 포터와 마법사의 돌> 48
<서피션틀리 어드밴스드 매직> 50
<식스 세이크리드 소드> 52
<레디 플레이어 원> 55
<신더> 58
<퀸 인 더 머드> 60
<언소울드> 62
<비기닝 애프터 디 엔드> 64

4
다큐멘터리

<살아있는 지구> 71

<아프리카> 73

<코스모스> 76

<살아있는 지구 II> 78

<블루 플래닛 II> 81

<지구, 경이로운 행성> 82

<일곱 개의 대륙 하나의 지구> 84

5
애니메이션

<업> 91

<스파이더맨: 뉴 유니버스> 93

<코코> 95

<라따뚜이> 98

<주토피아> 100

<인사이드 아웃> 102

<토이 스토리> 105

<겨울왕국> 107

<모아나> 109

<드래곤 길들이기> 112

<인크레더블> 114

<몬스터 주식회사> 116

<바다의 노래: 벤과 셀키요정의 비밀> 119

<온워드: 단 하루의 기적> 121

<소울> 123

<라푼젤> 126

<클라우스> 128

6
드라마

<기묘한 이야기> 135
<만달로리안> 137
<빨간 머리 앤> 140
<줄리 앤 팬텀스> 142
<프렌즈> 145
<지정생존자> 147
<디스 이즈 어스> 149
<굿 플레이스> 152
<스위트 투스: 사슴뿔을 가진 소년> 154

7
영화

<위플래쉬> 161

<라라랜드> 163

<인셉션> 166

<인터스텔라> 168

<해리 포터와 아즈카반의 죄수> 170

<그래비티> 172

<007 스카이폴> 175

<1917> 177

<엑스맨: 데이즈 오브 퓨처 패스트> 179

<보헤미안 랩소디> 181

<로건> 184

<포드 v 페라리> 186

<반지의 제왕: 반지 원정대> 188

<호빗 : 뜻밖의 여정> 190

<휴고> 193

<아이리시맨> 195

<스타 트렉: 더 비기닝> 197

<스타워즈: 깨어난 포스> 199

<루퍼> 202

<나이브스 아웃> 204

<프로메테우스> 206

<마션> 208

<컨택트> 211
<블레이드 러너 2049> 213
<비포 미드나잇> 215
<보이후드> 217
<인사이드 르윈> 220
<카우보이의 노래> 222
<실버라이닝 플레이북> 225
<아메리칸 허슬> 227
<마이 리틀 자이언트> 230
<레디 플레이어 원> 232
<미션 임파서블: 로그네이션> 235
<미션 임파서블: 폴아웃> 237
<패딩턴> 240
<패딩턴 2> 242
<아이언맨> 244
<정글북> 246
<가디언즈 오브 갤럭시> 249
<가디언즈 오브 갤럭시 VOL. 2> 251
<오스카 그랜트의 어떤 하루> 253
<블랙 팬서> 255
<어벤져스: 인피니티 워> 258
<어벤져스: 엔드게임> 260

서문

왜, 들리지 않는 걸까.

오랜 기간 영어를 학습해 일상 어휘 수준을 훌쩍 넘는 지문을 독해하는 데도 큰 무리가 없는 학습자도 유독 듣기에 약점을 보이는 경우가 많다. 듣기가 되지 않으면 말하기도 되지 않으며, 듣기와 말하기가 되지 않으면 의사소통은 불가능하다.

모국어 습득 과정에서 보듯 언어 능력은 듣기에서 출발해 말하기로 나아가며, 이후 읽기로 이어져 쓰기로 완성되기에, 읽기 능력이 듣기 능력을 앞서는 이러한 상황은 매우 부자연스러운 것이다. 이러한 불균형을 해소하지 못한다면 영어를 자유롭게 구사하기란 요원한 일이다.

듣기 능력 향상을 위해 가장 중요한 것은 당연하게도 많이 듣는 것이다. 읽기 학습을 통해 독해 속도가 향상되면 듣는 것에도 간접적으로 도움이 될 수 있지만, 읽기만으로 듣기 실력이 늘어나길 바라는 것은 욕심이다.

그렇다면 무엇을, 어떻게 들어야 할까.

언어 습득의 관건은 일상화에 있다. 듣기든, 말하기든, 읽기든, 쓰기든, 일상화가 이루어질 때 자연스레 숙달이 되기 마련이다. 우리가 모국어를 익히는 과정이 바로 그러하며, 모국어가 아닌 언어의 경우 듣기의 일상화는 대화보다는 콘텐츠에 의지하는 바가 크다.

따라서 일상화에 유리한 콘텐츠, 즉 재미있는 콘텐츠를 선택하는 것이 무엇보다도 중요하다.

재미있는 콘텐츠라 하면 가장 먼저 떠오르는 것은 아마도 미드일 것이다. 즉 미국 드라마다. 단순히 재미있다는 점 외에도 미드엔 유용한 구어체 표현이 가득하며 시리즈물이란 특성은 도중에 중단하는 일 없이 시청을 이어 가게 해 주는 원동력이 된다.

실제로 많은 이들이 미드를 통해 영어 실력을 향상시키고자 노력해 왔고, 앞으로도 그럴 것이다. 그럼에도 이들 중 원하는 만큼 실력을 쌓는 데 성공한 이는 그리 많지 않다. 왜 그럴까. 그것은 미드라는 콘텐츠가 초심자가 활용하기엔 난이도가 다소 높기 때문이다.

미드는 기본적으로 영상 콘텐츠인 까닭에 시각 정보에 정신이 분산되기에, 듣기에 집중하기가 쉽지 않다. 또한 내레이터가 또박또박 정확한 발음으로 녹음하는 오디오북이나 다큐멘터리에 비해 미드나 영화 속 대사들은 불분명하고 빠르게 발음되는 경우가 많아 듣기가 좀 더 까다롭다.

오디오북은 이러한 점에서 초심자에게 좀 더 적합하며, 대사 없는 장면이 수시로 반복되는 영상 콘텐츠에 비해 효율이 높아 빠르게 실력을 늘려 갈 수 있다.

영어를 잘하는 방법은 간단하다. 기초 실력을 빠르게 배양한 후, 취미와 결합해 일상화하는 것이다. 미드가 취미의 일환이 될 수 있음은 분명하다. 그렇다면 오디오북은 어떨까.

오디오북을 활용한 영어 학습의 노하우를 물을 때 흔히 듣게 되는 대답이 있다. 쉬운 콘텐츠, 즉 아동 문학부터 시작하라는 것이다. 실제로 합리적인 조언이라 할 수 있으며, 아동 문학 중엔 청소년이나 성인이 읽는다 해도 충분히 재미있는 작품들이 많다.

그럼에도 이러한 답변을 들었을 때 난색을 표하는 이들이

적지 않다. 아동 문학이 재밌다 해도 연령대가 맞지 않는다면 취미라 하긴 어렵기 때문이다.

웹소설 오디오북은 어떨까.

현대인의 취미 생활은 드라마, 영화 등 영상 콘텐츠에서부터 콘서트, 뮤지컬 등 공연 문화, 웹툰, 유튜브, SNS, 게임, 스포츠, 여행 등에 이르기까지 무척 다양하다. 보다 직접적이고 동적인 여가 활동들이 선호되는 가운데 텍스트 기반의 콘텐츠들이 설 자리는 점차 좁아지고 있다.

웹소설은 국내의 여러 콘텐츠 중 이러한 경향에 구애받지 않는 거의 유일한 사례라 할 수 있다. 국내 웹소설 시장의 성장세는 놀라운 수준으로, 이미 기존의 장르 문학 대부분을 포섭, 대체하였음은 물론, 수익 구조가 확립되며 수많은 작품이 쏟아져 나오고 있다.

웹소설이란 인터넷이나 스마트 기기 애플리케이션 등에서

연재되는 소설류를 총칭하는 것으로, 연재소설의 특성상 사건 위주의 빠른 전개를 보이며, 작은 모바일 화면과 짧은 휴식 시간을 활용하는 소비 패턴에 최적화된 쉽고 간결한 문장을 특징으로 한다.

무엇보다도 웹소설은 무척 재미있다. 영어권 웹소설의 경우 국내만큼 시장이 활성화되어 있진 않으나 근래 몇 년간 폭발적인 성장세를 보이는 게임 소설(LitRPG)을 중심으로 인기작들이 정식으로 출간되고 오디오북으로 제작되는 등 활기를 더해 가고 있다.

영어권 웹소설들은 아시아의 여러 국가들과 러시아 등의 만화, 소설, 애니, 게임 등에서 많은 영향을 받았기에, 국내 웹소설에 익숙한 독자라면 친숙하면서도 색다른 재미를 느낄 수 있을 것이다. 이러한 영어권 웹소설의 오디오북들은 취미는 물론 효과적인 학습 수단이 될 수 있다는 점에서 매우 유용한 콘텐츠라 할 수 있다.

영어가 들리지 않는다면 많이 들어야 한다. 억지로 많이 듣기보다는 취미와 결합해 일상화하는 것이 효과적이다. 취미가 되기 위해선 재미있어야 하며, 입문용 콘텐츠는 쉽고 학습 효율이 높아야 한다. 웹소설 오디오북을 우선적으로 권하는 이유다. 특히 웹소설 오디오북은 미드와 마찬가지로 시리즈 형식을 취하고 있어 꾸준히 감상을 이어가는 데 유리하며, 대개 같은 내레이터가 시리즈 전체를 녹음하므로 갈수록 익숙해지며 더 잘 들리게 된다는 장점이 있다. 같은 시리즈에선 비슷한 어휘와 표현이 반복적으로 등장하는 경우가 많아 자연스레 이러한 어휘와 표현들에 숙달되기도 한다.

이 책에선 웹소설과 베스트셀러 오디오북으로 시작해 애니메이션을 거쳐 미드, 영화까지 취미를 넓혀 간다는 계획하에, 각 단계에 맞는 재미있는 콘텐츠들을 난이도별로 소개하는 한편, 워밍업과 트레이닝 단계에선 기초 실력을 빠르게 배양하기 위한 간략한 학습 플랜을 제공한다.

다큐멘터리도 있다. 다큐가 취미인 이들은 많지 않겠으나 일부 손꼽히는 대작 다큐들은 그 스케일이나 선명도, 촬영 기술 등이 가히 경이적인 수준이다. 다큐는 영상 콘텐츠 중 가장 난이도가 낮아 초심자에게 적합하나 오디오북을 충분히 들었다면 생략해도 무방하다.

영어는 무척 유용한 언어다. 세계인이 함께 사용하는 공용어이기 때문이다. 의사소통만 되어도 다양한 가능성이 생겨나, 달리 말하면 그저 의사소통 수단에 불과한 것이기도 하다. 영어를 익히는 데엔 특별한 능력이 요구되지 않는다. 다만 일상을 통해 자연스레 숙달될 뿐이다.

365일, 재미있는 영어 콘텐츠 속에 늘 빠져들 수 있다면, 뒷이야기가 궁금해 잠을 설칠 수 있다면 누구라도 영어를 잘할 수 있다. 매일이 즐거운 영어 캠프인 셈이다. 영어가 유용하다면 모두가 그 유용함을 누릴 수 있어야 한다. 그 시작은 우리들 자신에게 달렸다. 이 작은 가이드북이 그 첫걸음에 도움이 되기를 바란다.

1

워밍업

기초 실력을 배양하기 위한 가장 좋은 방법은 원서를 한 권 읽는 것이다. 원서를 읽는 데엔 여러 방식이 존재하나 대체로 다음의 세 방식을 주로 사용한다.

· 모르는 어휘나 표현을 그때그때 정리해 가며 읽는다. 가장 일반적인 방식으로, 처음엔 고될 수 있으나 갈수록 찾아보는 빈도가 줄어들며 속도가 붙는다. 전자책의 경우 사전 기능이나 킨들 앱의 워드 와이즈(Word Wise) 기능 등을 이용하

면 단어를 찾는 수고를 덜 수 있어 편리하다.

· 모르는 어휘나 표현을 만나더라도 찾아보지 않고 문맥상 떠오르는 의미나 이미지를 자연스레 따라가며 읽는다. 적절한 난이도의 도서를 택하는 것이 중요하며, 억지로 유추하려 들거나 단어 하나하나에 집착하지 않는 것이 요령이다.

· 번역서와 대조해 가며 읽는다. 어휘나 표현을 찾는 수고를 덜 수 있으며, 상대적으로 난이도에 대한 제약이 덜해 원하는 도서를 읽고 싶을 때 유용하다.

이 책에서 소개하는 학습 플랜에 가장 적합한 방식은 세 번째 방식이다. 일반 베스트셀러 수준의 도서를 한 권 선정해 집중적으로 학습하게 되는데, 난이도에 구애받지 않고 재미있는 도서를 택하는 것이 중요하기 때문이다. 세 번째 방식이 초심자에게 가장 적합한 방식이기도 하다.

그럼 이제 트레이닝을 시작해 보도록 하자.

2

트레이닝

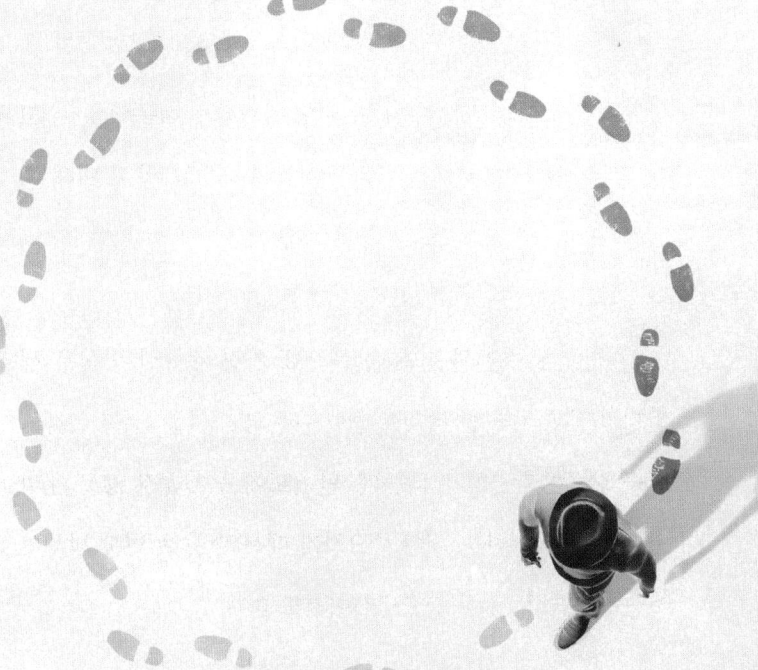

마션

The Martian

저자 Andy Weir
내레이터 Wil Wheaton
재생 10시간 59분
연도 2020
발행 Audible Studios
리스닝 난이도 3.0

리들리 스콧 감독, 맷 데이먼 주연의 영화 <마션>(2015)의 원작 소설로도 유명한 세계적인 베스트셀러. 본래 저자의 개인 웹사이트에서 연재되었던 작품으로, 팬들의 요청에 의해 아마존 킨들 버전으로 2011년 출간되어 센세이션을 일으킨 이래 2014년 정식 출간되고 2015년 블록버스터 영화로 제작되며 폭발적인 인기를 누렸다. 화성의 가혹한 환경과 끝없는 난관, 현실감 넘치는 위기 극복 과정, 흥미진진한 전개와 잔잔한 인간미 등 절로 몰입하게 만드는 작가의 실력이 탁월하다.

전반부의 과학적인 문제 해결 방식들이 다소 까다롭게 느껴질 수 있으나, 이내 속도가 붙기 시작하면 손에서 놓기 어려울 정도로 재미있다.

주인공 마크 와트니는 우주 비행사로, 탐사대의 일원이 되어 화성에 착륙한다. 기쁨과 영광도 잠시, 엿새째 되던 날 불어 닥친 모래 폭풍으로 긴급 탈출을 시도하던 중 마크는 사고를 당하고, 마크가 죽었다고 판단한 동료들은 그를 남겨두고 화성을 떠난다. 이 책은 화성에 홀로 고립된 한 인간의 기상천외한 고군분투 생존기로, 마크가 하루하루 기록해 나가는 일지 형식이 주가 되어 문장이 쉽고 간결하며, 역경 속에서도 결코 좌절하지 않는 주인공의 유쾌한 유머들이 이 책의 최대 강점이라 할 수 있다. 영화를 본 사람에게도 충분히 재미있으며, 영화에선 다 담아내지 못한 소소한 유머들을 읽는 재미가 만만치 않다. 영화보다 훨씬 상세한 묘사들도 현실감을 더한다. 오디오북은 다소 빠르게 느껴질 수 있으나, 학습 플랜에 따라 독해를 마친 후 듣는다면 오히려 좋은 훈련이 될 수 있을 것이다.

위의 도서는 예시를 든 것일 뿐 각자 마음에 드는 도서를 택하되 번역서와 오디오북의 출간 여부를 꼭 확인해야 하며, 일반 베스트셀러 수준의 도서를 고르는 것이 좋다. 구어체와 문어체에 모두 익숙해지는 게 좋으므로 소설 종류를 권하며, 오디오북 샘플을 미리 들어 보고 발음이 불분명하거나 억양이 특이한 작품은 피하는 게 좋다. 발음은 미국식 발음이 가장 무난할 것이다.

  오디오북은 대부분 오더블(Audible)에서 구입하게 되는데, 오더블이 아마존의 자회사인 까닭에 보통 아마존 홈페이지에서 구입하는 경우가 많다. 전자책을 구매한 후 오디오북을 구입하면 대개 할인이 되어, 오디오북만 구입하는 것보다 오히려 훨씬 경제적이다. 아마존에서 전자책 미리 보기(Look inside)와 오디오북 샘플을 제공하니 구입 전에 난이도 등을 확인하도록 하자.

구입한 전자책과 오디오북은 스마트 기기의 킨들 앱과 오더블 앱을 통해 감상할 수 있다. 대개 킨들 앱 내에서 전자책과 오디오북을 모두 조작 가능하며, 전자책을 읽다가 하단의 재생 버튼을 누르면 오디오북을 들으며 전자책을 읽을 수 있다.

도서 선정이 끝났다면 학습 플랜을 실행해 보자. 문법의 경우 정규 교과 과정을 통해 자연스레 습득하는 기초 지식 정도로 충분하나 부족함이 느껴진다면 유튜브 등에서 간략한 영문법 강의 영상을 찾아 보되 하루를 넘기지 않는 것이 좋다. 시작도 하기 전에 문법에 과도한 노력을 투자하는 것은 좋은 방법이 아니다. 학습 플랜은 다음의 세 단계로 나누어진다.

· 번역서와 대조해 가며 원서를 읽는다. 번역서 외에 다른 자료는 참조하지 않는 것이 원칙이다. 번역서만으로 독해되지 않는 문장은 그냥 넘어가도록 하자. 관련 문법 등을 한번 정리할 필요가 느껴진다면 인터넷 등을 활용해 따로 학습하는

게 효과적일 수 있으나, 이러한 과정이 잦아지면 독해 속도가 떨어지고 흥미를 잃게 되어 중도 포기하는 경우가 많으므로 가급적 최소화하는 것이 좋다. 완벽한 독해에 대한 욕심을 버리고 술술 읽어 나간다. 새로 의미를 알게 된 어휘가 있더라도 암기하려 들지 않는다. 작품을 즐기며, 결코 포기하지 않고 끝까지 읽는 것이 중요하다.

· 독해를 마쳤다면 오디오북을 꺼내 들 때가 되었다. 오디오북을 들으며 원서를 다시 읽는다. 작품 속 문장들이 실제로 어떻게 발음되는지 확인하고 익숙해지기 위한 과정이지만, 앞서 독해한 내용을 복습하는 효과도 있다. 편안한 마음으로, 문장의 자연스러운 흐름에 주의를 기울이며 들어 보도록 하자.

· 다 들었다면 이제 원서 없이 오디오북을 듣는다. 듣다가 잘 들리지 않으면 텍스트를 확인해 보기도 하고 그냥 한동안 계속 들어 보기도 하며 리스닝 자체에 숙달되어 가는 과정이다. 물론 복습 효과도 있다. 텍스트에 의지하며 듣다가 리스

닝에만 집중하게 되면 낯선 느낌을 받을 수 있고 생각만큼 잘 들리지 않을 수도 있으나 리스닝의 기본 토대를 마련하는 중요한 과정이므로 끝까지 귀를 기울여 보도록 하자.

학습 플랜은 여기까지다. 이러한 학습 방식의 장점은 설혹 여기서 학습을 중단한다 해도 이후 오디오북을 재생하는 것만으로 학습한 내용들이 되살아난다는 것이다. 기억하기 쉬운 이야기 구조와 반복 학습의 효과 덕분이다. 나만의 기억 창고가 생긴 셈이다.

좋아하는 영화를 반복해서 감상하는 경우를 생각해 보자. 아무리 좋아하는 영화라 해도 일부러 작품을 외우려 드는 사람은 없다. 그럼에도 여러 차례 감상하다 보면 영화를 거의 외울 지경에 이르곤 하는데, 이것이 반복 학습의 힘이다. 그렇기에 재미있는 도서를 택하는 것이 중요하며, 반복해서 감상하는 가운데 작품 속 어휘나 표현들을 자연스레 습득하게 된다.

리스닝도 마찬가지다. 사람들은 흔히 이미 잘 들리는 것을 듣는 것은 효과가 없고 잘 들리지 않는 것을 들어야 훈련이 된다고 생각하지만, 사실은 정반대에 가깝다. 우리가 모국어를 들을 때 특별히 집중할 필요가 없는 것은 그만큼 모국어의 구조에 익숙하기 때문인데, 언어의 구조에 익숙해지기 위해선 언어를 문장 단위로 많이 들어야 한다. 그러나 잘 들리지 않는 것을 들을 땐 들리는 부분보다 들리지 않는 부분이 더 많기 때문에, 언어가 문장 단위로 들리지 않고 단어 단위로 들리게 된다. 이러한 상황에선 아무리 많이 들어도 언어의 구조에 익숙해지기 어려우므로, 오히려 이미 잘 들리는 것을 반복 청취하거나, 충분히 잘 들을 수 있는 콘텐츠들을 집중적으로 듣는 것이 실력 향상에 훨씬 도움이 된다.

자, 이제 실전이다.

3

오디오북

    오디오북은 이동 중이나 운동할 때도 들을 수 있으며 외부 활동 시 무거운 책을 소지할 필요가 없다는 편리함 덕분에 영어권에선 오래전부터 대중적인 인기를 누려 왔다. 특히 베스트셀러 중에선 오디오북이 출간되지 않은 도서를 거의 찾아볼 수 없을 정도로 일반화되었고, 정확한 발음과 훌륭한 연기력으로 일인 다역을 소화해 내는 내레이터들의 고도의 전문성은 종종 감탄을 자아내기에 부족함이 없다.

이 책에선 웹소설 오디오북 외에도 그만큼 쉽고 재미있으며 시리즈 형식으로 구성된 일반 베스트셀러 오디오북도 함께 소개하였다. 오디오북 중엔 상당히 높은 난이도의 작품들도 존재하나 그러한 작품들은 소개하지 않았다. 드라마나 영화, 일상적인 대화에서 사용되는 영어는 문장 자체는 매우 평이한 경우가 대부분이므로, 구어체 수준의 오디오북으로 실력을 쌓은 후 곧바로 영상 콘텐츠까지 취미를 확대해 나가도 큰 무리가 없기 때문이다.

영상 콘텐츠를 감상하게 되었다 해도 오디오북을 손에서 놓지 않는 것이 좋은데, 취미는 다양할수록 좋기 때문이기도 하지만 실제 대화에 좀 더 가까운 형태를 경험할 수 있는 영상 콘텐츠의 유용성과는 별개로 학습 효율이 가장 높은 콘텐츠가 오디오북이라는 사실은 변하지 않기 때문이다. 숙련도를 높이는 주된 수단으로 오디오북을 활용하며 영상 콘텐츠와 병행하는 것이 가장 좋다. 틈날 때마다 오디오북을 들어 주도록 하자. 오디오북 듣기에 재미를 붙이면 붙일수록 실력이 빠르게 향상될 것이다. 시리즈 형식 오디오북의 방대한 분량 또한 이러한 용도에 적합하다. 완벽한 청취가 가능할 필요는 없으며, 줄거리를 이해하고 작품을 재미있게 감상하는 데 무리가 없다면 충분하다.

마더 오브 러닝

Mother of Learning (Mother of Learning 제1권)

저자 Domagoj Kurmaić
내레이터 Jack Voraces
재생 22시간 55분
연도 2021
발행 Podium Audio
리스닝 난이도 3.0

영어권 웹소설 중 가장 인기 있는 작품 중 하나로 2020년에 연재가 완결되었으며 오디오북 낭독 속도가 느린 편이라 초심자에게 매우 적합하다. 같은 시간대가 계속 반복되는 타임 루프에 갇힌 어느 마법 학교 학생의 이야기. 정교한 복선의 활용 면에서 특히 높은 평가를 받는 작품이지만, 회차가 거듭되며 새로운 캐릭터들이 투입되는 가운데 저마다 다채로운 색채를 더해 가는 입체적인 캐릭터들이 선사하는 재미 역시 만만치 않다. 액션보다는 미스터리나 이야기 자체의 힘이 중심이 되는 작품으로 챕터마다 새로운 사실이 추가되며 갈수록 재미를 더해 나간다.

주인공 조리안은 마법 아카데미 3학년 학생으로 여름 축제 전야제 날 재앙에 가까운 습격에 휘말려 목숨을 잃는다. 이후 타임 루프에 갇히게 된 그는 복잡하게 얽힌 미스터리들을 풀어 가며 강력한 적들에 맞서 끊임없이 성장해 나간다. 똑같은 한 달이 반복됨에도 불구하고 주인공의 선택에 따라 매번 새로운 이야기가 펼쳐지며 자연스레 세계관이 확장되어 가는 방식이 무척 인상적이다. 영어권 웹소설 중 손꼽히는 재미와 완성도를 자랑하는 작품이므로 놓치는 일이 없도록 하자.

원더링 인

The Wandering Inn (The Wandering Inn 제1권)

저자 Pirate Aba
내레이터 Andrea Parsneau
재생 43시간 10분
연도 2019
발행 Podium Audio
리스닝 난이도 3.0

영어권 웹소설을 대표하는 작품 중 하나로, 아직 연재분이 모두 출간되어 있진 않으나 지금까지 연재된 부분을 오디오북으로 출간할 경우 적어도 수백 시간에 달할 엄청난 분량을 자랑하는 작품이기도 하다. 주인공 에린이 운영하는 여관을 중심으로 일상적인 사건들을 주로 다루는 듯하면서도 판타지, 게임, 미스터리, 모험, 던전 등 다양한 장르를 아우르는 빼어난 작품. 전형적인 캐릭터 소설로 여러 종족이 등장함은 물론 개성 넘치는 캐릭터들로 가득하다. 개인과 집단의 문제는 작품의 중요한 주제 중 하나로, 주관이 뚜렷하면서도 높은 친화력을 갖춘 에린의 양극단에 위치한 료카와 개미 인간들의 이야기가 흥미롭다. 또 한 명의 주인공이라 할 료카는 집단에 대한 강한 거부감을 지닌 인물로 에린보다 활동 반경이 넓은 그녀로 인해 자연스레 세계관이 확대되며 여러 미스터리의 실체가 드러나기 시작한다.

어느 날 낯선 세계로 이동해 드래곤과 고블린 떼로부터 정신없이 달아나던 에린은 인적 없는 곳에 방치된 버려진 여관을 발견한다. 게임처럼 클래스와 레벨, 스킬, 마법 등이 존재하는 이 수수께끼 같은 세계에서 그녀가 얻게 되는 클래스는 다름 아닌 여관 주인(Innkeeper)이다. 고블린들이 여행자를 습격하고 각종 위험한 몬스터가 들끓는 외딴 지역에서 낡은 여관을 운영하는 것은 결코 쉬운 일이 아니다. 마실 물과 먹을 것을 마련하는 기본적인 일조차 생명을 위협하는 환경에서 에린은 자신의 용기와 의지로 고난을 헤쳐 나가야 한다. 주인공에게 닥치는 끔찍한 위험과 그 위험을 물리치는 과정, 첫 살해 행위의 충격 등 표현 수위가 다소 높은 장면들이 일부 포함되어 있어 전 연령층을 위한 작품이라 하긴 어렵다. 일단 감상해 보기로 마음을 먹었다면 적어도 첫 권은 끝까지 들어 볼 것을 권하고 싶은데, 기다림을 보상하고도 남는 후반부의 압도적인 전개는 놓치기엔 너무 아까운 장면들이기 때문이다. 작품과 오디오북 모두 훌륭하다.

라이프 리셋

Life Reset (New Era Online 제1권)

저자 Shemer Kuznits
내레이터 Jeff Hays
재생 24시간 40분
연도 2017
발행 Spoken Realms
리스닝 난이도 3.0

　가상현실 게임 안에 갇히거나 몬스터로 환생한 주인공의 모험담은 국내 독자들에겐 이미 익숙한 형태의 이야기라 할 수 있다. 그럼에도 이 작품은 친숙한 동시에 색다르다. 몬스터 부락을 발전시켜 가는 이야기나 집단 전술, 강력한 보스 몬스터와의 1:1 혈투, 배신과 복수, 스킬과 마법 시스템, 보조 인공지능과의 콤비 플레이, 던전과 모험 등 인기 있으나 새롭진 않은 내용들로도 색다를 수 있는 것은 정교하고 유기적인 세부 설정들 덕분이다. 이러한 설정들은 게임 시스템에 독특한 현실감을 부여하는 동시에 주인공의 선택과 행동들에 밀접한 영향을 미치며 이후의 전개 방향을 결정한다. 그러는 과정에서 이야기는 설득력과 개성을 획득하며 잘 짜인 입체적인 이야기는 독자들에게 재미와 몰입감을 선사한다.

주인공 오렌은 가상현실 게임 NEO의 가장 강력한 길드의 길드장이자 최정상 플레이어다. 믿었던 동료에게 배신당해 레벨1 고블린이 된 채 모든 걸 잃은 그는 복수를 다짐한다. NEO는 그에게 단순한 게임이 아니라 생계 수단인 동시에 명성과 부 등 그의 현실 그 자체였기 때문이다. 그러나 로그아웃이 가능하던 것도 잠시뿐, 게임 안에 갇혀 버린 그는 예기치 않은 위험을 떠안은 채 위험천만한 플레이를 이어 가게 된다. 무척 재미있는 작품으로 오디오북 또한 훌륭하다.

헝거 게임

The Hunger Games (Hunger Games Trilogy 제1권)

저자 Suzanne Collins
내레이터 Tatiana Maslany
재생 10시간 35분
연도 2018
발행 Scholastic Audio
리스닝 난이도 3.0

해리 포터 시리즈에 비견되는 엄청난 인기를 자랑하는 작품이다. 제니퍼 로렌스 주연의 영화도 유명하나 영어권에서 원작 소설의 인기는 그 이상이다. 액션과 로맨스가 결합된 형태의 이야기로 이야기 자체도 재미있지만 주제 의식 또한 묵직하다. 삼부작으로 완결되었으나 본편의 과거 이야기를 다룬 후속편이 2020년에 출간되었다.

폐허가 된 북아메리카에 세워진 국가 판엠은 수도인 캐피

톨과 주위의 12구역으로 구성되어 있다. 과거 수도에 대항해 일어난 구역들의 반란을 무참히 진압한 캐피톨은 매년 각 구역에서 소녀와 소년을 한 명씩 뽑아 총 24명으로 구성된 참가자들이 마지막 한 명이 남을 때까지 죽고 죽이는 싸움을 벌이는 경기인 헝거 게임을 개최한다. 이 게임에 참가하게 된 열여섯 살 캣니스는 사랑하는 가족에게 돌아가기 위해 목숨을 건 사투를 벌이게 되지만, 사실 그녀의 진정한 적은 이러한 참상을 강요하는 잔혹한 캐피톨이다. 전체주의 독재 국가에 대항하는 주인공들의 이야기는 이미 익숙하지만, 이 작품만큼의 인기와 인지도를 갖춘 작품은 손에 꼽을 정도에 불과하다. 전문 배우를 기용한 오디오북 또한 훌륭해 실감 나는 연기를 감상할 수 있다.

처음부터 너무 완벽하려 하지 마세요.
모르는 부분이 있어도 괜찮습니다.

해리 포터와 마법사의 돌

Harry Potter and the Philosopher's Stone (Harry Potter 제1권)

저자 J.K. Rowling
내레이터 Stephen Fry
재생 9시간 33분
연도 2015
발행 Pottermore Publishing
리스닝 난이도 3.0

두말할 필요 없는 최고의 작품. 해리와 론, 헤르미온느 삼총사의 모험은 너무나 유명해서 굳이 소개할 필요가 없을 정도이며, 아이는 물론 어른이 읽기에도 흥미진진한 이야기들로 가득하다. 배경과 건물, 사소한 물건들 하나까지 마법적으로 재창조된 상상력 넘치는 세계관, 매력적이고 인상적인 캐릭터들, 판타지, 미스터리, 추리, 스릴러를 오가는 눈을 뗄 수 없는 전개와 놀라운 짜임새 등 시대를 초월해 앞으로도 오랫동안 사랑받을 명작.

부모를 잃고 구박 속에서 성장한 해리가 자신이 마법사임을 알게 되면서 벌어지는 이야기를 그려 낸 이 시리즈는 각 권이 마법 학교 호그와트의 한 학년에 대응하며 총 일곱 권으로 구성되어 있다. 재미있는 소설의 기준점이 될 만한 작품으로 영화를 본 후에 보아도 여전히 재미있다. 오디오북 역시 인상적으로, 발음이 분명하면서도 자연스레 몰입을 유도하는 편안한 목소리에 푹 빠져 듣다 보면 어느새 다음 권을 찾게 되는 마법 같은 작품. 짐 데일(Jim Dale)이 녹음한 미국판 오디오북 또한 대단히 훌륭하다.

서피션틀리 어드밴스드 매직

Sufficiently Advanced Magic (Arcane Ascension 제1권)

저자 Andrew Rowe
내레이터 Nick Podehl
재생 21시간 58분
연도 2017
발행 Podium Audio
리스닝 난이도 3.0

함정과 퍼즐, 몬스터로 가득한 거대한 탑을 오르는 이들의 모험담은 웹소설 독자들에겐 익숙한 형태의 이야기일 것이다. 여기에 탑을 오르고자 하는 이들을 위한 훈련소 역할을 하는 마법 학교 이야기를 더한 것이 이 작품의 기본 구조라 할 수 있다. 도입부가 무척 인상적인데, 주인공 코린이 탑에서 겪는 심상찮은 사건들은 이후에도 지속적으로 그를 압박하며 불길한 그림자를 드리운다.

코린은 17세 되던 해에 시험의 문을 통해 처음으로 탑에 도전한다. 시험을 통과한 이들의 몸엔 특정한 문양이 깃들며 각 문양이 상징하는 마법 능력을 부여받게 되는데, 이들은 이후 2년간 마법 학교에서 훈련을 쌓은 후 정식으로 탑에 도전하게 된다. 여섯 개의 거대한 탑 중 다섯 곳은 네 개의 국가에 분산되어 있으며 한 곳의 위치는 베일에 싸여 있다. 탑의 정상에 올랐을 때의 막대한 보상이나 여섯 개의 탑을 모두 정복했을 때의 꿈같은 이야기들은 주인공의 주된 관심사가 아니다. 그의 목적은 5년 전 탑에 들어가 실종된 형을 되찾는 것이다. 수십 종류에 달하는 문양에서 파생되는 다양한 마법들, 초월적 존재들과 강력한 신수들, 가디언들, 현란한 액션과 팀플레이 등 흥미로운 요소들로 가득하다. 내레이터 역시 안정적인 퍼포먼스로 감상에 재미를 더한다. RPG 게임을 좋아하는 이들에게 특히 권하고 싶은 작품이다.

식스 세이크리드 소드

Six Sacred Swords (Weapons and Wielders 제1권)

저자 Andrew Rowe
내레이터 Nick Podehl
재생 10시간 49분
연도 2019
발행 Podium Audio
리스닝 난이도 3.0

전작의 인기 캐릭터 케라스를 주인공으로 한 후속 시리즈의 첫 작품이다. 전작과 세계관을 공유하는 작품으론 이 시리즈 외에도 <The War of Broken Mirrors> 시리즈가 있는데, 세 시리즈 중 출간 순서가 가장 앞서나 이후의 두 시리즈와는 성격이 조금 다르며 각 시리즈는 모두 독립된 이야기들로 순서대로 읽어야 할 필요는 없다.

강력한 무력과 신비한 매력, 정 많고 사려 깊으며 장난기 넘치는 케라스의 유쾌한 모험담을 그려 낸 이 작품은 전작의 사건들 이전에 일어난 이야기들을 다룬다. 본편보다는 외전에 가까운 느낌의 가볍고 경쾌한 작품으로 부담 없이 편안하게 감상할 수 있다. 여섯 성검에 얽힌 이야기들과 성검을 얻기까지의 과정 등 여러모로 JRPG의 영향이 짙게 느껴지는 가운데 약간의 풍자를 섞어 코믹하게 표현해 냈다. 여러 사랑스러운 캐릭터들과 주인공이 티격태격 주고받는 만담에 가까운 대화들이 작품의 분위기를 주도하며, 함정으로 가득 찬 던전과 화려한 액션 장면 등도 여전하다. 내레이터 역시 변함없이 훌륭한 연기로 감상을 돕는다. 전작을 좋아하는 독자들에겐 선물 같은 작품이지만 이 작품만 단독으로 감상해도 충분히 재미있다.

미리 밑그림을

그려 본다고 생각하세요.

부족한 부분은 하나씩

채워 나가면 됩니다.

레디 플레이어 원

Ready Player One (Ready Player One 제1권)

저자 Ernest Cline
내레이터 Wil Wheaton
재생 15시간 40분
연도 2012
발행 Random House AudioBooks
리스닝 난이도 3.0

　게임 소설 중 가장 유명한 작품 중 하나이나, 다른 게임 소설들과는 구별되는 색다른 재미를 느낄 수 있는 작품이다. 베스트셀러로서 엄청난 인기를 누렸음은 물론, 이후 스필버그 감독의 영화로 제작되어 많은 화제를 모았다. 작품에 등장하는 과거의 게임, 소설, 영화, 만화 등의 흘러간 대중문화에 대한 열광적인 언급들에서 향수를 느끼지 못한다 해도, 그 열정 자체를 즐기며 이야기를 따라가다 보면 본격적인 모험의 시작과 함께 속도가 붙는다. 베스트셀러를 베스트셀러

답게 만들어 주는 신나는 모험과 위기, 액션, 우정, 로맨스 등 이야기 자체가 무척 재미있다. 2020년엔 후속편인 『Ready Player Two』가 출간되었다.

에너지 고갈과 실업, 빈곤에 시달리는 가까운 미래. 트레일러를 쌓아 올려 형성된 빈민가의 십 대 소년 웨이드의 유일한 안식처는 가상현실 게임 OASIS다. 단순한 게임을 넘어 전 세계인의 일상적 삶의 공간으로 자리 잡은 OASIS는 인류의 상상력이 빚어낸 수많은 세계가 결집된 꿈의 공간이자 교육, 여가, 친목 활동 등이 이루어지는 또 하나의 현실이 되었다. 게임 내에 숨겨진 여러 수수께끼를 최초로 풀어내는 이에게 자신의 막대한 재산을 물려주겠다는 OASIS의 천재 개발자의 유언이 발표된 후, 수수께끼의 단서를 찾아 헤매는 무수한 시도에도 불구하고 수년이 지나도록 누구도 성공하지 못했을 때, 마침내 웨이드는 첫 번째 단서를 찾아내고야 만다. 전 세계의 관심이 그에게 집중된 가운데, 유산을 확보해 OASIS를 장악하려는 거대 기업의 표적이 된 그는 현실과 가상현실을 넘나들며 최후의 승자가 되기 위한 위험천만한 도전을 시작한다. 소설과 영화가 다른 부분이 많아 영화를 보았더라도 재미있게 감상할 수 있다. 작품을 잘 살려 낸 내레이터의 안정적인 연기 역시 든든하다.

신더

Cinder (The Lunar Chronicles 제1권)

저자 Marissa Meyer
내레이터 Rebecca Soler
재생 10시간 2분
연도 2012
발행 Macmillan Audio
리스닝 난이도 3.0

　동화를 소재로 한 이야기 중 가장 인기 있고 재미있는 작품 중 하나로 각각 신데렐라, 빨간 모자, 라푼젤, 백설 공주 이야기를 각색한 4부작으로 구성되어 있다. 1권의 주인공 신더에게 2, 3, 4권의 주인공들이 순차적으로 합류해 달의 여왕의 폭정에 맞서 혁명을 일으키는 이야기가 미래 사회를 배경으로 흥미롭게 펼쳐진다.

　신체의 일부가 기계로 대체된 사이보그인 신더는 뉴 베이

징에서 일하는 뛰어난 정비공이다. 의붓어머니와 의붓자매들 사이에서 부당한 대우를 받으며 사이보그란 이유로 천대받던 그녀에게 어느 날 카이 왕자가 찾아와 자신의 안드로이드의 수리를 맡기면서 이야기가 전개되기 시작한다. 인간의 정신을 조작하는 기이한 능력, 전염병, 출생의 비밀 등 여러 소재를 재치 있게 엮어 가며 이미 익숙한 동화를 새로운 느낌으로 재창조해 내는 작가의 솜씨가 훌륭하다. 1권도 충분히 재미있지만 이어지는 후속편들이 더욱 인기가 많은 시리즈이므로 1권이 마음에 들었다면 이후의 이야기들도 꼭 감상해 보도록 하자. 4부작 외에도 달의 여왕의 과거를 다룬 외전 격 이야기도 출간되어 있다. 오디오북 역시 훌륭하다.

퀸 인 더 머드

Queen in the Mud (Queen in the Mud 제1권)

저자 Maari
내레이터 Larissa Thompson
재생 10시간 20분
연도 2020
발행 Maari
리스닝 난이도 3.0

근래에 출간된 영어권 웹소설 중 가장 재미있는 작품 중 하나로, 공들여 쓴 장면 하나하나가 모두 생기 넘치고 흥미진진하다. 익숙한 소재들을 창의적으로 활용하는 빼어난 사례를 보여 주는 훌륭한 작품. 저마다 자신의 색깔과 이야기를 가진 선명한 캐릭터들의 조합이 만들어 내는 여러 인상적인 장면들과 따뜻하고 감동적인 순간들, 조마조마한 전투 장면 등 놓치기 아까운 이야기들로 가득하다. 메신저 백을 메고 마법 지팡이를 든 분홍빛 이족 보행 도롱뇽의 신비한 모험담.

대학 1학년생 나오미는 어느 날 낯선 세상에서 눈을 뜬다. 그녀를 반긴 것은 눈앞에 떠오르는 상태창과 자신이 도롱뇽이 되었다는 이해할 수 없는 현실이었다. 강력한 포식자와 몬스터들 앞에서 연약한 도롱뇽이 할 수 있는 일은 그리 많지 않다. 생존을 위한 사투에서 레벨업과 스킬들을 제공하는 시스템의 존재는 든든한 우군이라 할 수 있지만, 새로 얻은 특정 스킬의 정보창을 통해 소름 끼치는 무언가가 말을 걸어오는 듯하다면 어떻게 해야 하는 걸까. 보금자리에 정착해 조금씩 이 알 수 없는 세계에 적응해 가는 동안 서서히 실체를 드러내는 미스터리들이 흥미를 고조시키며 거대한 퍼즐을 구성하는 단서들을 하나씩 제공해 나간다. 꼬리를 활용한 다양한 전투 기술들, 마법들, 신비한 아이템들, 일정 레벨에 도달할 때마다 제시되는 성장의 갈림길 등도 재미있다. 귀여운 동물을 좋아하는 독자들에게 특히 추천하고 싶은 작품으로, 캐릭터들의 특징을 잘 살린 내레이터의 연기 또한 일품이다.

언소울드

Unsouled (Cradle 제1권)

저자 Will Wight
내레이터 Travis Baldree
재생 8시간 45분
연도 2019
발행 Audible Studios
리스닝 난이도 3.5

영어권 선협 소설을 대표하는 작품 중 하나로, 재미 면에선 견줄 만한 작품이 드문 인기작이다. 선협이란 무협의 한 갈래로 선술을 수행하는 선인들의 이야기를 다루며, 상위 세계인 선계의 존재 외에도 다양한 세계가 존재하고 하나의 상위 세계 아래에 다수의 하위 세계가 존재하는 등 광범위한 세계관을 갖춘 경우가 많다. 인간, 요괴 등 다양한 종족이 등장하며 초월적 힘을 다루는 만큼 스케일이 크고 액션 또한 화려하다.

주인공 린던이 속한 부족의 아이들은 테스트를 통해 판별된 자신의 소울의 유형에 따라 각자 적합한 선술을 수행하게 된다. 그러나 린던은 부족 내에서 유일하게 소울이 없는 자, 텅 빈 자, 언소울드(Unsouled)라 판별 받아 선술을 수행할 수 없게 되고 만다. 주위의 천시와 홀대 속에서 갖은 기지를 발휘해 역경을 극복해 나가는 주인공의 모험담이 펼쳐진다. 다양한 종류의 선술과 갖가지 신비한 법보들, 단약, 요괴, 부적, 진법 등 선협 소설을 재미있게 만드는 여러 요소들이 총출동한다. 여기에 절대적인 힘을 가진 초월자들의 이야기가 얽혀 들며 이후의 이야기에 대한 기대감을 북돋는다. 재미있는 작품을 찾고 있다면 적극적으로 추천하고 싶은 작품으로 전개가 빠르고 시원시원해 금세 속도가 붙는다. 리스닝은 조금 까다로운 편.

비기닝 애프터 디 엔드

The Beginning After the End (The Beginning After the End 제1-2권)

저자 TurtleMe
내레이터 Travis Baldree
재생 12시간 25분
연도 2019
발행 Podium Audio
리스닝 난이도 3.0

한국계 작가의 작품으로 웹소설과 웹툰이 동시에 연재 중이며, 국내에도 <끝이 아닌 시작>이란 제목으로 웹툰이 소개되어 있다. 익숙한 소재들을 솜씨 좋게 엮어 가며 재미있게 이야기를 풀어 나간다. 전생의 기억을 지닌 채 태어난 주인공의 남다른 성장기이자 특별한 모험담.

정상급 검사이자 왕이었던 그레이는 마법이 존재하는 새로운 세계에서 다시 태어난다. 그가 살았던 지구와는 너무나 다른 이 세상에서 그는 아서라는 이름으로 가족의 사랑을 받으며 성장해 나간다. 본래의 자신이 어떻게 죽었는지, 환생한 이유는 무엇인지에 대한 의문을 품은 채 아서는 마법을 익히며 빠르게 강해지지만, 어린 그가 감당키 어려운 위기가 닥치며 꼬마 아서의 모험이 막을 올린다. 오디오북은 1, 2권을 묶은 합본 형태로 출간되었으며 3, 4권도 그러하다.

4
다큐멘터리

4. 다큐멘터리

　다큐멘터리는 영상 콘텐츠 중 난이도가 가장 낮아 영어 학습에 매우 유용하나 모든 다큐멘터리가 그런 것은 아니다. 다큐멘터리 중 학습자에게 가장 적합한 유형은 주로 자연 다큐멘터리들로, 보통 한 사람의 내레이터가 거의 전체를 담당하며 의미가 명확하고 간결한 문장을 사용하므로 청취에 유리한 점이 많다. 내레이션이 화면에 대한 직접적인 설명인 경우가 대부분이므로 생소한 명칭이나 표현 등을 접하더라도 쉽게 의미를 짐작할 수 있어 자연스레 어휘가 늘어나는 효과도 있다. 다만 단위 시간당 내레이션이 적은 편이라 오디오북에 비해 학습 효율은 다소 낮은 편이다. 그럼에도 최대한 빠르게 영상 콘텐츠에 진입하고 싶은 학습자라면 다큐멘터리는 최선의 선택이 될 수 있을 것이다.

이 책에선 가장 대표적이라 생각되는 몇 편의 다큐만을 소개하였으나 자연 다큐멘터리 계열의 작품들은 대부분 난이도가 적당하며 보는 재미 또한 적지 않다. 각자 쉽게 이용 가능한 작품 중 마음에 드는 작품을 골라 감상한다면 그것으로 충분할 것이다.

살아있는 지구

Planet Earth

등급 All
방영 BBC
연도 2006
내레이터 데이비드 애튼버러
에피소드 수 11
리스닝 난이도 3.0

대작 자연 다큐멘터리의 시작을 알린 기념비적 작품이다. 지금 보아도 여전히 압도적이고 경이로운 엄청난 스케일과 선명한 영상미, 잊을 수 없는 수많은 장면 등 우리가 사는 지구라는 행성에 대한 아낌없는 찬사라 할 최고의 작품.

산, 바다, 동굴, 사막, 정글, 극지 등 각각의 주제하에 총 11편에 걸쳐 지구와 지구의 생명들의 역동적인 모습을 야심 차게 담아낸 이 작품은 놀라운 인내와 촬영 기술의 결정체이기도 하다. 수년간 지구 곳곳의 오지를 탐험하며 다큐멘터리 역사에 남을 명장면들을 촬영해 낸 제작진의 노고는 경외심을 불러일으키기에 충분하다. 내레이션을 맡은 데이비드 애튼버러는 자연 다큐멘터리의 살아있는 역사이자 BBC 다큐를 좋아하는 이들에겐 마치 산타 할아버지와도 같은 친근하기 이를 데 없는 인물로, 그의 사려 깊고 편안한 목소리에 귀 기울이며 이 아름다운 작품을 감상하는 것은 실로 행복한 경험이 아닐 수 없다. 지구에 사는 모든 이에게 권하고 싶은 훌륭한 작품.

아프리카

Africa

등급 (All)
방영 BBC
연도 2013
내레이터 데이비드 애튼버러
에피소드 수 6
리스닝 난이도 3.0

생명의 보고인 광활한 아프리카 대륙과 야생 동식물들의 놀라운 삶을 총 6편에 걸쳐 담아낸 BBC의 또 다른 역작이다. 칼라하리 사막, 대초원, 콩고 분지의 열대 우림 등 아프리카 전역을 누비며 뜻밖의 비경과 신비로운 생명들, 익숙한 동물들의 기이한 면모 등 눈을 뗄 수 없는 장면들과 더불어 장엄한 대자연의 모습을 생생하게 포착해 냈다.

지구 상의 다른 어느 곳보다도 살아 숨 쉬는 야생성을 간직한 아프리카는 생명의 다양성이 위협받는 오늘날 더욱 그 의미를 더해 가고 있다. 변함없이 훌륭한 내레이션과 함께 이 흥미로운 작품을 감상해 보도록 하자.

아이들이 보는 아주 쉬운 작품부터

시작하는 것도 좋은 방법입니다.

하지만 빠르게 기초 실력을 쌓은 후

내가 좋아하는 작품부터 시작하는 것도

좋은 방법입니다.

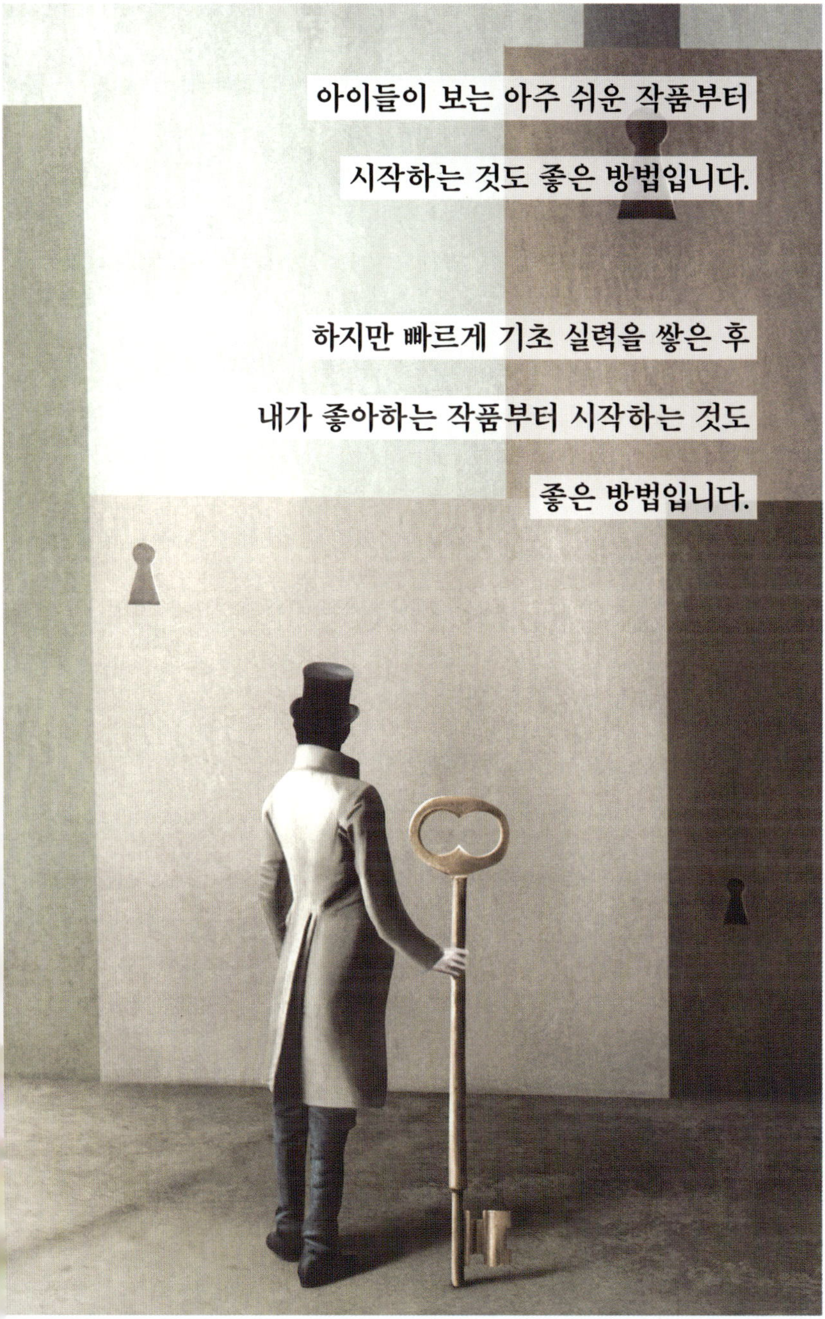

코스모스

Cosmos: A Spacetime Odyssey

등급 ⑮
방영 Fox · National Geographic Channel
연도 2014
내레이터 닐 디그래스 타이슨
에피소드 수 13
리스닝 난이도 3.0

칼 세이건의 유명 다큐멘터리이자 베스트셀러 도서이기도 한 <코스모스>(1980)를 새롭게 제작한 작품이다. 대중적인 과학 지식을 알기 쉽게 설명해 주는 재미있는 작품으로, 우주의 탄생에서부터 현재에 이르기까지의 과정을 1년간의 여정에 비유해 설명하는 방식이 흥미롭다. 인류 역사상 중요한 발견이나 일화 등에 관한 애니메이션들도 손쉬운 이해를 돕는다.

훌륭한 다큐멘터리는 많지만 그중에서도 손꼽히는 인기를 자랑하는 이 작품은 광범위한 주제를 다루면서도 솜씨 좋게 이야기를 엮어 나가며 호기심과 흥미를 유발하는 한편 모두에게 울림 있는 메시지를 전달한다. 인류의 역사조차 찰나에 불과한 무한에 가까운 우주적 시간 앞에서 인간은 절로 겸허해지지만 그럼에도 결코 탐구를 멈추지 않는다. 내레이션 역시 훌륭하며 화려하면서도 아름다운 영상미가 보는 즐거움을 더한다.

살아있는 지구 II

Planet Earth II

등급 (All)
방영 BBC
연도 2016
내레이터 데이비드 애튼버러
에피소드 수 6
리스닝 난이도 3.0

10년 만에 돌아온 <Planet Earth>의 후속작이다. 현존하는 가장 아름다운 다큐멘터리 중 하나로, 더욱 발전한 촬영 기술과 손에 잡힐 듯 생생한 영상, 완벽한 음악과 음향 효과, 눈부신 단 한순간을 잡아내기 위한 제작진의 집념이 빚어낸 놀라운 걸작.

박진감 넘치는 격투의 현장과 무시무시한 추격전, 냉혹한 생사의 갈림길과 벅찬 새 생명의 탄생 등 지구에 대한, 그리고 살아 있음에 대한 치열한 기록이다. 평생에 걸쳐 이 아름다운 행성과 그 생명들을 탐구하고 기록해 온 노학자의 내레이션은 어느 때보다도 감동적이다. 자연 다큐멘터리를 좋아한다면 놓쳐서는 안 될 작품.

학습 플랜에 따라 빠르게 진행하세요.

그리고 좋아하는 작품에 바로 도전하세요.

블루 플래닛 II

Blue Planet II

등급 Ⓐ
방영 BBC
연도 2017
내레이터 데이비드 애튼버러
에피소드 수 7
리스닝 난이도 3.0

지구의 드넓은 대양 곳곳을 탐사하며 다양한 생물들과 심해의 신비, 인간의 활동이 대양에 끼친 영향 등을 탐구한 대작이다. 외계 탐사를 방불케 하는 미지의 심해 탐사가 압권인 작품.

기이한 해양 생물들과 해저 화산의 격렬한 폭발, 형형색색의 산호초 등 눈을 뗄 수 없는 장면들로 가득하다. 모험심과 탐구욕을 자극하는 훌륭한 구성에 음악, 내레이션 등 감탄이 나오는 빼어난 완성도는 여전하다.

지구, 경이로운 행성

One Strange Rock

등급 All
방영 National Geographic Channel
연도 2018
내레이터 윌 스미스
에피소드 수 10
리스닝 난이도 3.0

현대적인, 혹은 미래적인 기이한 아름다움을 자랑하는 독특한 영상미의 작품이다. 배우 윌 스미스가 내레이션을 맡았고, 여러 우주 비행사들이 대기권 밖에서 지구를 바라본 경험을 공유하며 진행을 돕는다.

생명이 존재하지 않는 무수한 별들 사이에서, 우리가 살아가는 이 지구라는 행성이 얼마나 특별한 곳인가에 대해 이야기한다. 지구의 탄생과 생명의 시작, 진화 등에 얽힌 기적 같은 사건들에 관한 흥미로운 이야기. 예술적이며 때론 명상적이기까지 한 인상적인 영상들이 시선을 사로잡는다.

일곱 개의 대륙 하나의 지구

Seven Worlds One Planet

등급 Ⓐ
방영 BBC
연도 2019
내레이터 데이비드 애튼버러
에피소드 수 7
리스닝 난이도 3.0

남극, 아시아, 남아메리카, 오스트레일리아, 유럽, 북아메리카, 아프리카 일곱 대륙을 순차적으로 조명하며 지구라는 하나의 유기적인 거대한 생태계를 담아낸 대작이다. 우리가 새로운 다큐멘터리를 감상하는 이유는 기술과 연구 등의 진보로 인한 새로운 사실이나 관점들, 그리고 그 밖의 새로운 변화들을 확인하기 위함이기도 하지만, 현재를 기록하는 다큐멘터리의 경우 무엇보다도 이를 통해 우리가 살아가는 이 세계를 매 순간 보다 잘 이해할 수 있게 되기 때문이다.

새로운 다큐멘터리들에서 공통적으로 나타나는 것은 위기에 대한 인식이다. 이 작품에선 기후 변화로 인해 가혹한 환경에 노출된 어린 동물들의 이야기와 남획, 개발 등으로 멸종 위험에 처한 여러 생명들의 사례 등을 소개하지만, 이러한 위기는 그들만의 것이 아니며 인간을 포함한 생태계 전체의 위기와 직결되어 있다. 일곱 대륙의 특색 있는 아름다움과 독특한 생명체들의 놀라운 생존 방식, 지구 전체를 아우르는 장엄한 대자연의 풍경 등은 여전히 눈부시다. 훌륭한 음악과 내레이션, 그 밖의 다른 모든 것들이 이 완벽한 체험을 든든하게 뒷받침한다. 지구를 여행하는 가장 감동적인 방법 중 하나라 해도 과언이 아닐 장인들의 작품.

　드라마나 영화가 리스닝 측면에서 학습자에게 어렵게 느껴지는 이유는 다수 화자가 등장해 빠르게 이야기를 주고받기 때문이다. 주로 한 사람의 내레이터가 분명한 발음으로 대부분의 내용을 전달하는 오디오북이나 자연 다큐멘터리 계열의 작품들을 통해 기본적인 리스닝 능력을 갖추게 되었다 해도 영상 콘텐츠의 시각 정보에 정신이 분산되는 가운데 이러한 빠른 대화들을 자연스럽게 이해하기 위해선 상당한 노력이 필요한 경우가 많다.

애니메이션은 드라마나 영화와 기본 구조가 같으면서도 일반적으로 좀 더 기본적인 문장들이 사용되고 발음 면에서도 보다 분명하다는 점에서 이러한 어려움에 효과적으로 적응하는 데에 많은 도움을 준다. 영어권 애니메이션의 경우 청소년은 물론 성인이 감상하기에도 재미있는 작품이 많아 선택의 폭 또한 넓다.

여기에 소개된 작품들은 대부분 널리 알려진 작품들로 이미 감상한 작품이 많겠지만 자막과 함께 보았던 작품을 직접 귀로 들으며 감상하면서 새로운 요소들을 발견해 보는 것도 즐거운 경험이 될 수 있을 것이다.

업

Up

등급 🔘 All
제작 Pixar
연도 2009
감독 피트 닥터 등
목소리 에드워드 애스너 (칼 프레드릭슨), 조던 나가이 (러셀) 등
러닝 타임 1시간 36분
리스닝 난이도 3.5

애니메이션 명가 픽사 스튜디오의 전성기 시절 작품으로, 걸작이 넘쳐나는 픽사의 작품 중에서도 손꼽히는 완성도를 자랑하는 작품이다. 78세 할아버지 칼과 어린 소년 러셀의 신나는 모험도 훌륭하지만, 칼의 인생을 압축적으로 보여 주는 도입부의 장면들은 애니메이션 역사에 남을 명장면들이라 할 만하다. 그리고 엘리.

무수한 풍선을 매단 채 하늘로 솟아오르는 칼 할아버지의

집과 그 집을 비행선 삼아 남아메리카로 떠난다는 애니메이션다운 상상력이 인상적이다. 칼 할아버지의 이 야심 찬 계획에 뜻하지 않게 동참하게 된 뚱보 소년 러셀과 말하는 개 더그 등 캐릭터 하나하나가 모두 사랑스럽다. 리스닝 난이도도 적당한 편. 도입부의 칼과 엘리의 이야기는 어딘가 <월-E>(2008)의 주인공 월-E와 이브의 이야기를 떠올리게 하는 면이 있는데, 두 사람의 이야기를 좀 더 보고 싶었던 이라면 이 작품을 감상해 보는 것도 좋겠다. 대사가 다소 적은 까닭에 소개하지 않았을 뿐 오히려 <업>을 뛰어넘는 명작이다.

스파이더맨: 뉴 유니버스

Spider-Man: Into the Spider-Verse

등급 ⑫
제작 Sony
연도 2018
감독 밥 퍼시케티 등
목소리 샤메익 무어 (마일스 모랄레스), 제이크 존슨 (피터 B. 파커), 헤일리 스테인펠드 (그웬 스테이시) 등
러닝 타임 1시간 57분
리스닝 난이도 3.5

   빠르고 경쾌하며, 초현실적이다. 화려한 그라피티를 연상케 하는 현란한 영상과 속도감 있는 전개, 신나는 음악과 음향, 개성이 넘치다 못해 이질적이기까지 한 캐릭터들을 한 화면 내에 녹여 내는 놀라운 솜씨, 짜임새 있는 이야기와 유머, 멋진 액션 등 현세대가 대중 예술에 바라는 거의 모든 것들이 두 시간 동안 눈앞에서 폭발한다.

   10대 소년 마일스가 새로운 스파이더맨이 되어 스파이더

맨 피터와 만나고, 이후 여러 평행 세계의 또 다른 스파이더 능력자들이 합류하면서 세계의 멸망을 초래할지도 모를 위험에 맞서 힘을 합친다. 여러 독특한 스파이더 능력자들과 강력한 악당들, 이들이 어우러지는 대규모 전투 등 현대적 영상과 사운드로 무장한 채 숨 가쁘게 이어지는 장면들이 압도적인 재미를 선사한다. 리스닝이 다소 까다롭게 느껴질 수 있으나 이해하기 어려운 작품이 아니므로 흥겨운 리듬을 즐기며 편안하게 감상해 보도록 하자. 두말할 필요 없는 최고의 작품.

코코

Coco

등급 Ⓐ
제작 Pixar
연도 2017
감독 리 언크리치 등
목소리 안소니 곤잘레스 (미구엘), 가엘 가르시아 베르날 (헥터) 등
러닝 타임 1시간 45분
리스닝 난이도 3.5

　여백의 미를 중시하는 종류의 예술과 화면을 가득 채우는 종류의 예술이 존재한다면 이 작품은 분명 후자에 속하는 작품이다. 그야말로 축제다. 이것은 산 자의 축제이기도, 죽은 자의 축제이기도 하며, 양자가 함께 어우러지는 축제이기도 하다. 누구도 죽음을 피할 순 없으나 우리가 기억하는 한 죽은 이들은 사라진 것이 아니라는 단순한 진실을 영화적 상상력을 통해 아름답고 생동감 넘치게 표현해 냈다.

대대로 음악을 엄격히 금하는 집안의 소년 미구엘은 그럼에도 뮤지션이 되길 애타게 갈망한다. 산 자의 몸으로 죽은 자의 세상에 들어간 미구엘이 죽은 선조들과 수수께끼의 인물 헥터 등을 만나며 벌어지는 한바탕 소동을 그린 이 작품의 제목이 <코코>인 이유는 무엇일까. 기억을 잃어 가는 증조할머니 코코와 집안의 역사에 얽힌 비밀 등 흩어져 있던 이야기들이 한데 모이며 잊을 수 없는 한 곡의 노래와 함께 가슴을 가득 채우는 감동을 느낄 수 있는 작품이다. 용서와 화해, 기억, 꿈, 음악, 가족, 그리고 사랑에 관한 아름다운 이야기.

언어 습득의 관건은 일상화에 있습니다.

취미와 결합해 영어를 일상화하세요.

라따뚜이

Ratatouille

등급 (All)
제작 Pixar
연도 2007
감독 브래드 버드 등
목소리 패튼 오스왈트 (레미), 루 로마노 (링귀니) 등
러닝 타임 1시간 51분
리스닝 난이도 3.5

<토이 스토리>(1995), <월-E>(2008) 등과 더불어 픽사 애니메이션을 대표하는 작품 중 하나로 장면 하나하나가 완벽하다. 감탄을 거듭하며 작품을 감상하다 보면 똑같이 감탄을 거듭하며 음식을 맛보는 주인공들과 만나게 된다. 이것은 장인들이 만든 장인들에 관한 이야기다.

주방의 대표적 불청객인 생쥐. 그럼에도 요리사를 꿈꾸던 생쥐 레미가 우여곡절 끝에 유명 레스토랑의 신참 링귀니와

팀을 이뤄 정체를 숨긴 채 놀라운 요리들을 만들어 낸다는 이야기. 캐릭터들도 귀엽지만 이야기 자체가 재미있다. 때론 위험천만하고, 때론 코믹하며, 때론 스릴 넘치고, 때론 통쾌하며, 때론 감동적이다.

주토피아

Zootopia

등급 Ⓐ
제작 Disney
연도 2016
감독 바이론 하워드 등
목소리 지니퍼 굿윈 (주디 홉스), 제이슨 베이트먼 (닉 와일드) 등
러닝 타임 1시간 48분
리스닝 난이도 3.5

전통의 명가 디즈니의 저력을 느낄 수 있는 작품으로 캐릭터들만큼이나 귀여운 아이디어들로 가득하다. 시골 출신의 도시 상경기이자, 콤비 수사물이자, 꿈과 우정, 그리고 편견에 관한 이야기이기도 한 이 작품은 무엇보다도 대단히 재미있다.

부푼 기대를 안고 동물들의 낙원 주토피아에 입성한 토끼 경찰관 주디. 그러나 작고 귀여운 초식 동물인 그녀가 우락부

락한 동료 경찰들에게 인정을 받기란 그리 녹록하지가 않다. 48시간 내에 실종 사건을 해결하라는 명령을 받은 주디는 사기꾼 여우 닉의 협력을 얻어 단서를 추적하던 중 놀라운 사실과 맞닥뜨리게 된다. 캐릭터들의 매력이나 이야기의 짜임새, 설득력 있는 메시지 등 어느 하나 부족한 점이 없는 빼어난 디즈니 애니메이션.

인사이드 아웃

Inside Out

등급 All
제작 Pixar
연도 2015
감독 피트 닥터 등
목소리 에이미 포엘러 (조이), 필리스 스미스 (새드니스) 등
러닝 타임 1시간 35분
리스닝 난이도 3.5

대단히 창의적인 방식으로 매우 특별한 감동을 선사하는 지극히 픽사 애니메이션다운 걸작. 기쁨으로 가득하던 아이에게 찾아온 변화와 성장, 아픔, 그리고 슬픔의 의미와 역할에 관한 이야기. 기억과 추억, 성격 등 머릿속 세상을 놀라운 상상력으로 구현해 내며 의인화된 감정들의 흥미진진한 모험을 통해 자연스러운 성찰을 이끌어 낸다.

어린 라일리의 머릿속 세상에서 살아가는 다섯 가지 감정

의 리더, 조이는 오직 라일리의 행복만을 바란다. 그런 그녀에게 라일리를 슬프게 만드는 새드니스의 존재는 부담스러울 뿐이다. 라일리의 가족이 이사를 하며 평화롭던 라일리의 일상에 거센 변화가 밀어닥치자 다섯 감정들 역시 분주해지기 시작한다. 유년기를 마치며 감정들 또한 한층 성숙해지는 보편적인 경험을 그려 내며, 돌아오지 않는 어린 시절에 대한 아련한 그리움과 깊은 공감을 불러일으키는 가슴 따뜻한 이야기.

좋은 이야기는

또 하나의 세계와도 같습니다.

토이 스토리

Toy Story

등급 ⒜
제작 Pixar
연도 1995
감독 존 라세터
목소리 톰 행크스 (우디), 팀 알렌 (버즈 라이트이어) 등
러닝 타임 1시간 21분
리스닝 난이도 3.5

주제가만 들어도 정겨운 <토이 스토리> 시리즈의 1편이다. 세월이 흘렀어도 특유의 특별한 캐릭터성은 여전하다. 2D에서 3D 애니메이션으로 주도권이 넘어가던 시기에 탄생한 작품으로 이후 픽사 스튜디오를 상징하는 작품으로 자리잡으며 연이어 발표된 후속작들 모두 높은 평가를 받았다. 제목만으로도 재미와 감동이 보장되는 최고의 시리즈물.

카우보이 인형 우디는 앤디가 가장 아끼는 장난감이다. 그

러나 앤디의 새로운 인형 우주 전사 버즈의 등장으로 자신의 자리를 빼앗기게 된 우디는 질투심에 사로잡힌다. 인간보다 더욱 인간적인 장난감들의 갈등과 좌절, 협력, 기지, 희생과 용기, 화해 등 인간사의 다양한 측면들이 두 장난감의 모험을 통해 다채롭게 펼쳐진다. 두 친구의 이야기는 이후의 작품들에서도 계속되지만 저마다 독립적인 이야기를 다루므로 반드시 1편을 감상해야 할 필요는 없다. 그러나 두 친구의 첫 만남을 다룬 1편에서부터 차근차근 이야기를 따라가며 스토리텔링의 진수를 느껴 보는 것도 후회 없는 선택이 될 수 있을 것이다.

겨울왕국

Frozen

등급 All
제작 Disney
연도 2013
감독 크리스 벅 등
목소리 이디나 멘젤 (엘사), 크리스틴 벨 (안나) 등
러닝 타임 1시간 42분
리스닝 난이도 3.5

변화를 지향하면서도 동시에 가장 디즈니다운 훌륭한 작품. 이야기 자체도 재미있지만 역시나 이 작품을 특별하게 만들어 주는 것은 음악이다. 사이 좋은 두 자매의 하모니도 좋지만 아름다운 영상과 완벽한 조화를 이루며 엘사의 노래 <Let It Go>가 설산과 얼음 궁전에 울려 퍼지는 장면은 두고두고 기억될 명장면이라 할 만하다.

모든 것을 얼려 버리는 마법의 힘을 타고난 엘사 공주는

통제할 수 없는 자신의 힘을 두려워한다. 결국 엘사가 왕국을 떠나자 엘사의 동생 안나는 언니를 되찾고자 길을 나선다. 두 자매의 모험과 두터운 우의는 물론 여러 조력자 캐릭터들의 활약을 지켜보는 재미도 쏠쏠하며, 결말 역시 완벽하다. 2019년에 후속작이 나왔다.

모아나

Moana

등급 All
제작 Disney
연도 2016
감독 론 클레멘츠 등
목소리 아우이 크라발호 (모아나), 드웨인 존슨 (마우이) 등
러닝 타임 1시간 47분
리스닝 난이도 3.5

<겨울왕국>에 이은 또 한 편의 걸작 디즈니 애니메이션. 수려한 영상과 흥미로운 액션 장면들, 흥겨운 음악 등 공들인 흔적이 역력한 만듦새는 <겨울왕국> 이상이다. 뮤지컬 요소를 가미한 디즈니 특유의 애니메이션이 여전히 사랑받을 수밖에 없는 이유를 다시금 증명하는 작품.

모투누이 섬의 모아나는 섬 밖의 대양에서 기다리는 모험을 갈망한다. 모투누이 섬에 저주가 닥치자 모아나는 대양의

부름에 따라 배를 타고 항해를 시작한다. 항해의 목적은 저주의 원흉인 반신 마우이를 찾아 그가 훔친 신의 심장을 제자리에 돌려 놓게 하는 것. 자아의 성장과 각성이란 선명한 주제 의식에 더해 인간의 탐욕으로 죽어 가는 아름다운 대자연을 회복하고자 하는 열망을 담아냈다.

하늘을 나는 이야기는 어떨까요.

드래곤 길들이기

How to Train Your Dragon

등급 All
제작 DreamWorks
연도 2010
감독 딘 데블로이스 등
목소리 제이 바루첼 (히컵), 제라드 버틀러 (스토이크) 등
러닝 타임 1시간 38분
리스닝 난이도 3.5

친근한 캐릭터 디자인과 수려한 배경, 그리고 무엇보다도 하늘을 가르는 매혹적이고 아찔한 드래곤 라이딩까지, 눈을 뗄 수 없는 멋진 장면들이 시종일관 이어지며 모험 애니메이션의 진수를 선보인다. 충실하게 묘사된 소년과 드래곤 사이의 우정 쌓기 과정이 만족감과 함께 마지막까지 이어지는 감동을 안기며 이후의 작품들에서도 계속될 두 친구의 활약을 예고한다. 명작이라 불리기에 부족함이 없는 대단히 재미있는 작품.

바이킹과 드래곤들의 싸움이 계속되는 가운데 손재주가 뛰어날 뿐 싸움엔 도움이 되지 않는 소년 히컵은 부상당한 드래곤 투슬리스를 남몰래 돌보며 드래곤과 친구가 될 수 있음을 확신한다. 하늘을 누비며 우정을 쌓던 그들에게 위기가 닥치며 두 친구의 활약이 시작된다. 2014년에 첫 후속작이 나왔다.

인크레더블

The Incredibles

등급 🅐
제작 Pixar
연도 2004
감독 브래드 버드
목소리 크레이그 T. 넬슨 (밥 파 / Mr. 인크레더블), 홀리 헌터 (헬렌 파 / 엘라스티 걸) 등
러닝 타임 1시간 55분
리스닝 난이도 3.5

    진화를 거듭하는 최근의 슈퍼히어로 영화들과 비교해도 조금의 부족함도 없는 명작 히어로 애니메이션. 새로움을 추구하면서도 관객이 히어로 영화에 기대하는 대부분의 요구를 충족시키는 동시에 한 편의 잘 만든 가족 영화로도 기능하는 빼어난 작품.

    히어로 활동이 금지된 후 평범한 남편이자 세 아이의 아버지로 살아가는 밥은 미스터 인크레더블로서의 과거를 그리워

한다. 동료 히어로이자 그의 아내인 엘라스티 걸 헬렌과 아이들 역시 슈퍼 파워를 숨기고 평범한 삶을 살아야 하는 건 마찬가지다. 가족들 몰래 비밀 임무를 수행하던 밥으로 인해 온 가족이 사건에 휘말려 들며 감춰져 있던 슈퍼 파워가 폭발하기 시작한다. 2018년에 후속작이 나왔다.

몬스터 주식회사

Monsters, Inc.

등급 Ⓐ
제작 Pixar
연도 2001
감독 피트 닥터 등
목소리 존 굿맨 (설리반), 빌리 크리스탈 (마이크), 메리 깁스 (부) 등
러닝 타임 1시간 32분
리스닝 난이도 3.5

언제 봐도 너무나 재미있는 어느 몬스터 콤비와 한 아이의 이야기. 샘솟는 아이디어들로 무장한 탄탄한 이야기 구조가 세월이 흘러도 변치 않는 즐거움을 선사하는 놀라운 작품. 두 몬스터 친구의 티격태격 콤비 플레이도 재미있지만 예측 불허 천진난만 아이와 순박한 몬스터 사이의 우정이 자아내는 웃음과 사랑스러움, 안타까움, 불안과 걱정, 통쾌함, 뭉클한 감동 등이 극을 이끌어 나가는 주된 동력을 형성한다.

아이들을 놀라게 해 비명 에너지를 충전하는 몬스터 주식회사의 최우수 사원 설리반, 마이크 콤비에게 무시무시한 위기가 찾아온다. 인간 아이의 방과 연결된 문을 통해 아이 하나가 몬스터 세계에 침입한 것. 몬스터 세계의 최대 금기를 범한 이 사건으로 대혼란이 초래된 가운데 두 친구는 과연 아이를 무사히 집에 돌려보낼 수 있을까. 상상력을 한껏 자극하는 사랑하지 않을 수 없는 걸작 애니메이션. 2013년에 후속작이 나왔다.

바다의 노래: 벤과 셀키요정의 비밀

Song of the Sea

등급 All
제작 Cartoon Saloon
연도 2014
감독 톰 무어
목소리 데이비드 라울 (벤), 루시 오코넬 (시얼샤) 등
러닝 타임 1시간 33분
리스닝 난이도 3.5

　서정적인 신비로움으로 가득한 마법 같은 애니메이션. 다른 애니메이션 명가들의 작품과는 또 다른 방식의 특별한 감동을 느낄 수 있는 작품이다. 억양이 다소 낯선 경우가 많아 여러 작품을 소개하지 않았을 뿐 같은 제작사의 <켈스의 비밀>(2009), <파르바나: 아프가니스탄의 눈물>(2017), <울프워커스>(2020) 등의 작품도 대단히 훌륭한 작품들이다.

　어린 소년 벤은 여동생 시얼샤를 낳은 후 사라진 어머니

를 그리워하며 살아간다. 말을 하지 못하는 소녀 시얼샤에겐 알 수 없는 마법의 힘이 숨겨져 있다. 어린 남매의 모험은 여러 영적 존재와의 만남으로 이어지고, 신화나 전설이라 여겼던 옛이야기 속 존재들이 모습을 드러내기 시작한다. 난이도가 높은 작품은 아니나 몇몇 대사들은 알아듣기가 다소 어려울 수도 있다.

온워드: 단 하루의 기적

Onward

등급 All
제작 Pixar
연도 2020
감독 댄 스캔론
목소리 톰 홀랜드 (이안 라이트풋), 크리스 프랫 (발리 라이트풋) 등
러닝 타임 1시간 42분
리스닝 난이도 3.5

 2020년에 차례로 공개된 픽사의 두 작품 중 첫 번째 작품이다. 친숙한 소재와 이야기들이 이어지는 와중에도 재치와 기지가 반짝이는 재미있는 작품. 아주 새롭고 참신하진 않더라도 충분히 훌륭한 이야기일 수 있음을 증명하는 좋은 사례.

 과학과 기술의 발달로 마법과 모험이 잊힌 현대. 사진으로만 본 아버지를 그리워하는 이안에게 단 하루지만 세상을 떠난 아버지를 볼 수 있는 기회가 찾아온다. 그러나 죽은 자를

하루 동안 세상에 불러오는 마법은 아버지의 하반신만 소환된 상태에서 실패로 돌아가고 만다. 하루가 끝나기 전에 마법을 완성해 아버지를 만나기 위해 이안은 형 발리와 함께 아버지의 반신을 이끌고 모험에 나선다. 재미와 감동을 선사하는 두 형제의 모험 외에도 여러 조력자의 활약 또한 인상적이며 선명한 메시지를 전달한다.

소울

Soul

등급 All
제작 Pixar
연도 2020
감독 피트 닥터 등
목소리 제이미 폭스 (조), 티나 페이 (22) 등
러닝 타임 1시간 40분
리스닝 난이도 3.5

    픽사의 2020년 두 번째 작품이다. 도입부의 재즈 피아노 연주 장면이 대단히 인상적인데, 음악 팬들에겐 어쩌면 아쉽게도 이 작품은 재즈라는 음악 자체에 관한 작품은 아니다. 그보다는 재즈라는 음악이 지닌 무한한 자유로움이란 속성을 주제 의식을 형상화하는 데 있어 영리하게 활용한 작품으로, 재미있는 설정들과 독특하면서도 아름다운 영상들, 일부 실험적인 요소 등 여러 새로운 시도가 돋보이는 작품이다.

음악 교사로 일하던 뉴욕의 재즈 피아니스트 조에게 일생일대의 기회가 찾아온다. 기쁨과 환희도 잠시, 불의의 사고로 영혼 상태가 되어 알 수 없는 세계로 빨려 들어간 그에게 어느 태어나기 전 영혼의 멘토 역할이 주어진다. 모든 멘토가 포기한 멘티 22, 그리고 어떻게든 지구로 돌아갈 생각밖에 없는 멘토 조의 한바탕 꿈같은 이야기. 삶과 일상의 의미에 관한 특별하되 특별하지 않은 진실을 따뜻한 감동과 함께 담담히 이야기하는 또 한 편의 걸작 애니메이션.

또 하나의 이야기.

또 하나의 세상.

라푼젤

Tangled

등급 Ⓐ
제작 Disney
연도 2010
감독 네이슨 그레노 등
목소리 맨디 무어 (라푼젤), 제커리 레비 (플린 라이더) 등
러닝 타임 1시간 40분
리스닝 난이도 3.5

순수함과 어린 시절부터 간직한 꿈, 그리고 용기에 관해 이야기하는 디즈니 애니메이션. 고전적인 감성과 현대적인 감성이 조화롭게 공존하는, 디즈니의 고심이 엿보이는 좋은 작품이다. 뮤지컬 요소 또한 언제나 그렇듯 훌륭하다.

평생 탑 안에서 살아온 열여덟 살 라푼젤의 아름다운 긴 머리카락엔 마법의 힘이 숨겨져 있다. 바깥세상을 동경하던 그녀는 탑에 숨어든 도둑 플린을 가이드 삼아 마침내 탈출을

감행한다. 라푼젤의 마법의 힘을 탐해 그녀를 탑에 가둔 장본인인 가짜 엄마를 비롯한 여러 무리가 두 사람을 쫓는 가운데 라푼젤은 위기를 헤쳐 나갈 수 있을까.

클라우스

Klaus

등급 ⓐ
방영 Netflix
연도 2019
감독 서지오 파블로스 등
목소리 제이슨 슈왈츠먼 (제스퍼), J.K. 시몬스 (클라우스) 등
러닝 타임 1시간 36분
리스닝 난이도 3.5

넷플릭스 애니메이션. 황량한 마을에 조금씩 웃음이 번져 가는 것만으로 마치 다른 작품이 된 듯 영상이 만개해 가는 과정이 대단히 인상적이다. 산타 할아버지 전설을 독특하게 재해석해 크리스마스의 따뜻한 풍경이 자리 잡는 모습을 재미있게 그려 냈다. 그 자체로 하나의 선물 같은 감동적인 작품.

다툼이 끊이지 않는 외딴 섬마을의 새로운 우체부 제스퍼

는 무뚝뚝한 장난감 장인 클라우스를 만난다. 섬을 탈출할 궁리에 골몰하는 제스퍼의 제안으로 시작된 두 사람의 장난감 선물은 삭막하던 마을에 예기치 않은 변화를 불러오기 시작한다. 세심하게 표현된 캐릭터들의 변화 과정이 신비로운 이야기와 어우러지며 웃음과 훈훈한 온기를 전한다.

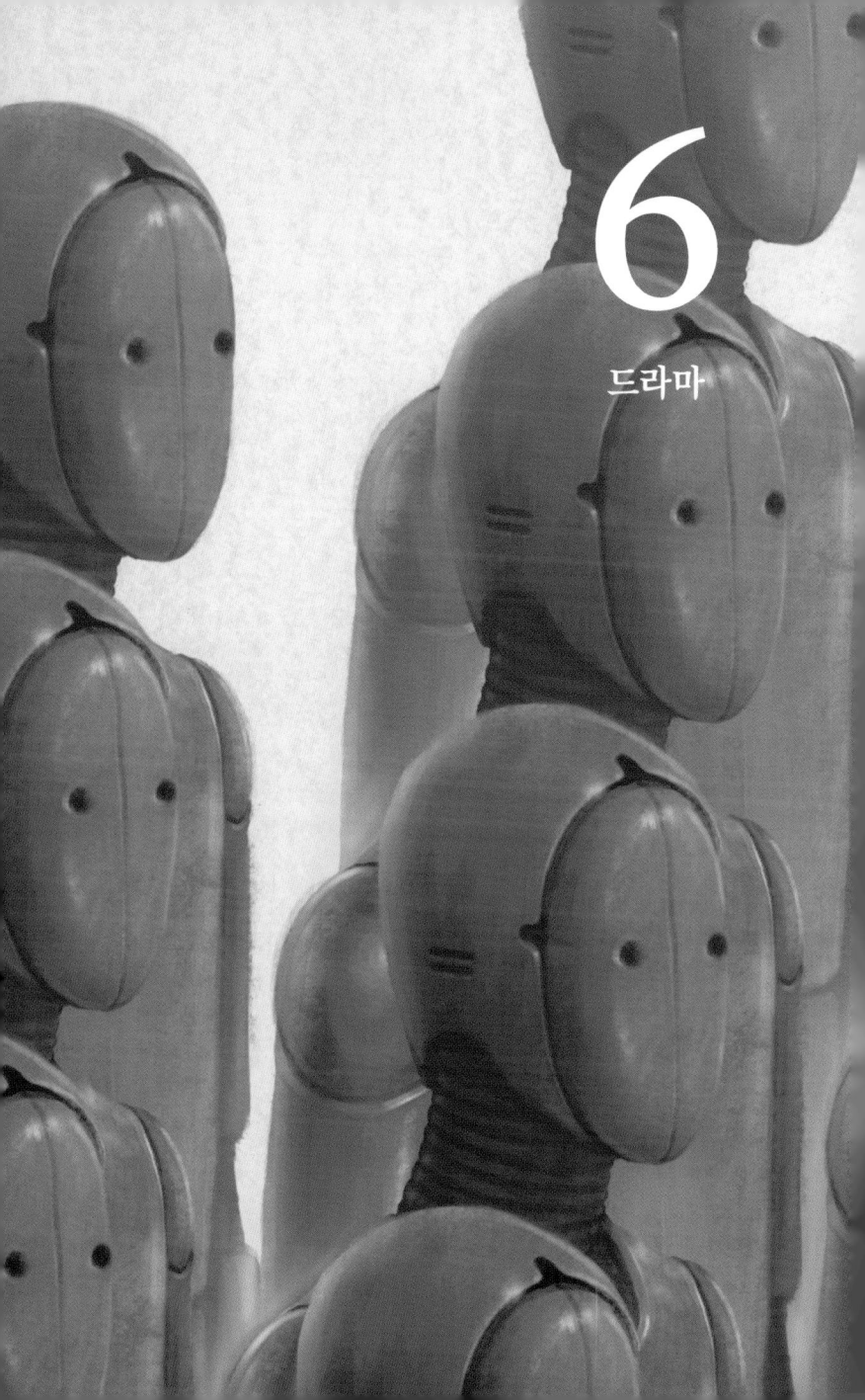

6

드라마

애니메이션을 충분히 감상했다면 이제 드라마나 영화를 감상할 준비가 되었다. 드라마와 영화 사이에 특별한 난이도 차이가 존재하진 않으나 그럼에도 드라마를 먼저 권하는 것은 짧은 시간 내에 압축적으로 내용을 전달하는 영화에 비해 드라마는 방대한 분량으로 인해 한결 상세한 내용을 담고 있는 경우가 많고, 그렇기에 설혹 일부 대사를 알아듣지 못한다 해도 내용 파악을 돕는 다른 대사나 장면이 많아 수월하게 감상을 이어갈 수 있기 때문이다. 앞서 언급한 바 있는 시리즈물이 갖는 학습상의 장점들이 적용됨은 물론이다. 그런 점에서 드라마는 일정 수준에 이른 학습자들이 실력을 다지기 위한 최상의 콘텐츠라 할 수 있다.

기묘한 이야기

Stranger Things 시즌 1

등급 ⑮
방영 Netflix
연도 2016
출연 핀 울프하드 (마이크 휠러), 밀리 바비 브라운 (일레븐) 등
에피소드 수 8
리스닝 난이도 4.0

　재미 면에선 따라올 만한 작품이 드문 최고의 인기를 자랑하는 작품. 네 명의 소년과 한 소녀가 주축이 되어 초자연적 위험에 맞선다는 내용이나 특유의 빈티지 느낌 등은 스티븐 킹의 작품들을 연상케 하지만 호러 요소가 그렇게 강한 편은 아니다. 저마다 개성과 역할이 뚜렷한 주인공들의 협동 플레이나 긴장감을 쌓아 가며 끊임없이 궁금증을 유발하는 훌륭한 연출 등 시간 가는 줄 모르고 빠져들게 되는 멋진 작품.

마이크를 비롯한 네 명의 단짝 친구 중 한 소년이 실종된 이후 이해할 수 없는 사건들이 벌어지기 시작한다. 친구를 찾아 나선 마이크 일행은 도주 중인 소녀 일레븐을 만나게 되고, 신비한 능력을 지닌 일레븐의 도움을 받아 수색을 이어가던 중 상식을 초월하는 위험천만한 일들에 맞닥뜨리게 된다. 넷플릭스를 대표할 만한 재미있는 작품.

만달로리안

The Mandalorian 시즌 1

등급 ⑫
방영 Disney+
연도 2019
출연 페드로 파스칼 (만달로어인), 칼 웨더스 (그리프 카가), 지나 카라노 (카라 듄) 등
에피소드 수 8
리스닝 난이도 4.0

디즈니 플러스의 대표 브랜드 중 하나인 스타워즈 시리즈의 드라마 작품으로 스타워즈 팬들은 물론 일반 관객들이 보기에도 대단히 재미있는 작품이다. 제다이를 중심으로 한 기존 시리즈와는 다른 접근 방식을 보이면서도 시리즈 특유의 매력을 잘 살려 내는 한편 여러 매력적인 캐릭터를 선보이며 엄청난 인기를 모았다. 잘 만든 이야기 구조와 인상적인 캐릭터의 조합이 흥미진진하다.

헬멧으로 얼굴을 가린 만달로어인 현상금 사냥꾼인 주인공은 대가가 크나 수상한 의뢰를 수락한 후 추적에 나선다. 예기치 않은 사고와 뜻밖의 조력 등 우여곡절을 거쳐 마침내 정체불명의 목표물에 도달한 그를 기다리고 있던 것은 무엇일까. 위험이 닥쳐오는 가운데 험난한 여정이 막을 올린다.

빨간 머리 앤

Anne with an "E" 시즌 1

등급 ⑫
방영 Netflix
연도 2017
출연 에이미베스 맥널티 (앤 셜리), 제럴딘 제임스 (마릴라 커스버트), R.H. 톰슨 (매튜 커스버트) 등
에피소드 수 7
리스닝 난이도 4.0

훌륭한 배우와 제작진, 그리고 이야기가 만났을 때 어떤 마법 같은 일이 벌어지는지 보여 주는 보석 같은 작품. 누구라도 응원할 수밖에 없는 꿈 많고 강인하며 생기 넘치는 한 소녀가 역경을 극복하며 그토록 염원하던 바람들을 하나씩 이루어가는 과정을 조마조마하게 지켜보다 보면 알 수 없는 행복감이 가슴을 가득 채운다.

나이 든 마릴라, 매튜 남매가 사는 집에 고아 소녀 앤이 합

류하며 이야기가 시작되지만 앤의 운명은 처음부터 그리 순탄하지가 않다. 앤을 데려오는 과정에 착오가 있었다는 사실이 밝혀지며 앤은 돌려보내질 위기에 처하게 되고, 투박하지만 정 많은 남매와 가족이 되어 살 꿈에 부풀었던 그녀는 슬픔에 잠긴다. 배우들의 섬세한 연기와 세심하게 배치된 장면들, 시골 마을의 수려한 풍광이 시선을 사로잡는다. 앤의 대사들이 빠른 편이나 발음이 명확해 적응이 되면 그리 어렵지 않으므로, 그녀의 재잘재잘 희망찬 이야기들에 귀를 기울여 보도록 하자.

줄리 앤 팬텀스

Julie and the Phantoms 시즌 1

등급 (All)
방영 Netflix
연도 2020
출연 매디슨 레예스 (줄리 몰리나), 찰리 길레스피 (루크 패터슨) 등
에피소드 수 9
리스닝 난이도 4.0

재미있는 청소년 음악 드라마. 여주인공의 놀라운 가창력이나 유령들의 순간이동 장면 등이 디즈니의 뮤지컬 애니메이션들을 연상케 한다. 음악을 좋아한다면 흥겨운 리듬을 즐기며 편안하게 감상할 수 있는 산뜻한 작품.

엄마가 세상을 떠난 후 좋아하던 음악도 그만두게 된 줄리에게 어느 날 세 명의 유령이 나타난다. 생전에 밴드였던 세 유령 소년의 등장은 줄리가 다시 음악을 시작하는 계기가 되

고, 의기투합해 한 팀이 된 이들은 힘을 합쳐 최고의 무대를 만들어 가기 시작한다.

길을 미리 알고 있다면
시행착오를 줄일 수 있습니다.

프렌즈

Friends 시즌 1

등급 ⑮
방영 NBC
연도 1994
출연 제니퍼 애니스톤 (레이첼 그린), 매튜 페리 (챈들러 빙) 등
에피소드 수 24
리스닝 난이도 4.0

오랜 기간 많은 사랑을 받아 온 인기 시트콤. 90년대 작품인 만큼 일부 농담이나 장면, 설정 등이 다소 부적절하게 느껴질 수 있으나 그럼에도 너무나 재미있는 작품이다. 개성 강한 여섯 친구들의 우정, 일, 사랑, 가족, 인생 등의 주제를 훌륭하게 그려 낸 작품으로, 캐릭터들에게 정이 가기 시작하면 걷잡을 수 없이 빠져들게 되는 매력적인 이야기.

여느 때처럼 뉴욕의 한 카페에서 시간을 보내던 다섯 친

구에게 웨딩드레스 차림의 레이첼이 찾아오며 이야기가 시작된다. 저마다 다양한 삶의 문제를 안고 있는 이들 여섯 친구는 인생의 중요한 순간들을 함께 하며 무수한 에피소드를 통해 가족과도 같은 우정을 쌓아 간다. 워낙 재미있어 시즌 10까지 모두 감상한 후 처음부터 다시 감상하는 경우도 많으며, 일상 회화 위주의 대사들로 학습 효과도 높아 거의 이 작품 하나만으로도 기본적인 리스닝 실력을 충실히 다질 수 있는 유용한 작품이다.

지정생존자

Designated Survivor 시즌 1

등급 ⑮
방영 ABC
연도 2016
출연 키퍼 서덜랜드 (톰 커크먼), 매기 큐 (한나 웰스) 등
에피소드 수 21
리스닝 난이도 4.0

 연이어 벌어지는 사건들과 긴박한 전개로 시간 가는 줄 모르고 감상하게 되는 재미있는 작품이다. 캐릭터들의 발음이 명확해 어려운 편은 아니나 정치 드라마인 만큼 어휘 난이도는 일상 어휘를 조금 웃도는 수준이다. 일상 대화에 충분히 익숙해졌다면 다음 작품으로 도전해 볼 만한 작품이다.

 테러 공격으로 대통령 이하 대부분의 고위 각료가 사망한 미국. 비상시를 위한 지정생존자로 지명되었던 주인공은

하위 서열임에도 불구하고 대통령직을 수행하게 된다. 위기에 처한 국가를 이끌어야 하는 막중한 책임에 더해 그를 인정하지 않는 이들로 인한 어려움이 겹치며 주인공의 분투가 계속되는 가운데, 테러의 배후를 밝히려는 수사 요원들의 활약이 이어진다.

디스 이즈 어스

This Is Us 시즌 1

등급 ⑱
방영 NBC
연도 2016
출연 마일로 벤티밀리아 (잭 피어슨), 맨디 무어 (레베카 피어슨) 등
에피소드 수 18
리스닝 난이도 4.0

첫 에피소드의 작은 놀라움으로 시작해 한 편 한 편 이야기를 더해 나가며 지극한 감동을 선사하는 놀라운 이야기. 등급상 청소년은 감상할 수 없는 작품이나 표현 수위가 특별히 높진 않아 성인이라면 편안하게 감상할 수 있는 작품이다. 디즈니 플러스에선 15세 등급으로 분류되어 있다. 새롭게 더해지는 이야기들이 기존의 이야기들에 올올이 얽혀 들며 밀도 높은 이야기를 완성해 가는 기적 같은 스토리텔링의 명작 드라마.

서른여섯 생일을 맞은 이들의 이야기가 차례로 펼쳐진다. 만삭의 아내 레베카와 작은 파티를 즐기는 잭, 비만과 싸우는 케이트, 친부를 찾은 랜들, 변화를 꿈꾸는 TV 배우 케빈. 각자의 삶을 살아가는 이들이 교차하고 어우러지면서 숨은 이야기들을 양파 껍질 까듯 하나씩 풀어 놓는다. 인간에 대한, 삶에 대한, 죽음에 대한, 과거와 현재, 미래에 대한, 그리고 '우리'에 대한 가슴을 울리는 아름다운 이야기.

굿 플레이스

The Good Place 시즌 1

등급 ⑱
방영 NBC
연도 2016
출연 크리스틴 벨 (엘리너), 윌리엄 잭슨 하퍼 (치디) 등
에피소드 수 13
리스닝 난이도 4.0

산뜻한 배경과 연출, 밝고 명랑한 분위기와 흥미로운 초현실적 사건들이 즐거운 감상을 돕는 준수한 코미디 드라마. 매 순간 폭소가 터질 정도는 아닐 수 있으나 충분히 재미있으며, 전개가 빠르고 편당 길이가 짧아 부담 없이 감상할 수 있다. 청소년은 감상할 수 없는 작품이나 표현 수위가 특별히 높진 않다.

선한 이들의 사후 세계인 굿 플레이스에서 눈을 뜬 엘리너

는 무언가 착오가 있었다는 사실을 알아차린다. 그러나 낙원 같은 굿 플레이스에서 지옥 같은 배드 플레이스로 쫓겨나지 않기 위해 엘리너는 진실을 숨기게 되고, 완벽하진 않으나 평균적인 삶을 살았다고 자부하는 그녀의 아슬아슬한 낙원 생활이 막을 올린다.

스위트 투스: 사슴뿔을 가진 소년

Sweet Tooth 시즌 1

등급 ⑮
방영 Netflix
연도 2021
출연 크리스천 콘버리 (거스), 논소 아노지 (토미 제퍼드) 등
에피소드 수 8
리스닝 난이도 4.0

친근한 캐릭터들과 수려한 영상미로 보는 눈이 즐거운 넷플릭스 드라마. DC 코믹스 원작을 영상화한 작품이나 히어로물은 아니며, <내 인생 특별한 숲속 여행>(2016) 등의 작품을 연상케 하는 대자연의 풍광이 인상적인 작품. 아름다운 자연과 동물들의 모습이 전염병의 창궐로 무너져 내린 혼란스러운 인간 사회와 선명한 대조를 이룬다.

치명적인 바이러스와 반인반수 하이브리드 아이들의 탄생

으로 대혼란이 초래된 가운데 사슴뿔을 가진 소년 거스와 그의 아버지는 위험을 피해 야생에서 살아간다. 그러나 피할 수 없는 변화와 결단의 순간이 찾아오며 어린 소년 거스는 모험에 나서고, 새로운 친구와 적, 미지의 세계가 현실이 되며 이야기가 흘러가기 시작한다.

7

영화

    그간의 여러 콘텐츠를 거쳐 이제 영화를 감상할 단계에 이르렀다면 리스닝 면에선 거의 막바지에 다다랐다고 할 수 있다. 영상 콘텐츠의 꽃이라 할 수 있는 영화인 만큼 좋은 작품은 많고도 많으며, 충분히 익숙해진 후엔 각자 원하는 작품을 마음껏 골라 자유롭게 감상해 나가는 것만으로 꾸준히 실력을 늘려 갈 수 있을 것이다.

    영화를 선택하는 데엔 다양한 방법이 존재하나 그때그때

화제가 되는 작품이나 좋아하는 배우 혹은 감독의 작품을 고르는 방식이 가장 일반적일 것이다. 그중에서도 감독을 기준으로 작품을 선택하는 것이 효과적일 수 있는데, 작품의 종합적인 색깔을 결정짓는 것이 감독이기 때문이다. 이 책에서 주로 활용하는 방식 또한 그러하며, 좋은 작품을 통해 감상의 즐거움을 누리며 숙련도를 높여 가도록 하자.

위플래쉬

Whiplash

등급 ⓯
연도 2014
감독 데이미언 셔젤
출연 마일즈 텔러 (앤드류), J.K. 시몬스 (플레쳐) 등
러닝 타임 1시간 46분
리스닝 난이도 4.0

데이미언 셔젤 감독의 2014년 작품. 캐릭터들이나 극단적인 교습 방식에 대한 평가는 관객에게 맡겨 둔 채 압도적인 결말을 향해 한 치의 흐트러짐 없이 나아가는 걸작 음악 영화. 완벽한 연출과 음악, 연기가 빚어낸 이 광기 어린 작품의 흡입력은 견줄 만한 작품이 드문 수준으로 영혼까지 빨려 드는 듯한 마지막 장면들은 영화사에 남을 장면들이라 할 만하다.

뉴욕의 명문 음악원의 학생 앤드류는 위대한 재즈 드러머

가 되길 갈망한다. 폭력적인 언사로 학생을 극한까지 몰아세우는 폭군 플레쳐의 밴드에 들어가게 된 그는 매 순간 한계를 시험당하며 피 터지는 연마의 나날을 보내게 된다. 정적을 꿰뚫는 번갯불 같은 드러밍이 의식을 관통하며 영화와 음악 두 예술 장르의 한계를 넘보는 극한의 체험을 선사한다.

라라랜드

La La Land

등급 ⑫
연도 2016
감독 데이미언 셔젤
출연 라이언 고슬링 (세바스찬), 엠마 스톤 (미아) 등
러닝 타임 2시간 8분
리스닝 난이도 4.0

데이미언 셔젤 감독의 2016년 작품. 뮤지컬 로맨스의 고전적인 형식에 현대적인 요소를 결합해 우아하면서도 생동감 넘치고 친근하면서도 지극히 창의적인 놀라운 작품을 만들어 냈다. 사계의 상징성을 활용한 단순한 구성에 밀도 높은 이야기를 촘촘히 배치한 후 뮤지컬과 재즈, 근사한 두 배우와 감초 같은 다른 연기자들, 몽환적인 영상미를 더해 꿈꾸는 이들에 관한 이야기를 황홀하게 그려 낸 한바탕 꿈같은 이야기. 그 외의 작품으론 <퍼스트맨>(2018) 등이 있다.

어느 할리우드 스튜디오 내 커피숍에서 일하며 배우의 꿈을 키워 가는 미아와 순수한 옛 재즈에 관한 열정을 간직한 채 행사장을 전전하는 가난한 재즈 피아니스트 세바스찬. 두 사람의 만남과 사랑, 꿈과 현실, 인생의 아이러니 등이 운명적 우연들로 가득한 낭만적 이야기를 통해 흘러간 문화에 대한 향수를 자극하며 생기 넘치는 배우들의 노래와 몸짓을 통해 화사하게 펼쳐진다. 뮤지컬의 형식을 취했으나 영화 자체가 재즈인 신비로운 작품. 헤어 나올 수 없는 마지막 장면들에 기어이 넋을 잃고야 만다.

인셉션

Inception

등급 ⑫
연도 2010
감독 크리스토퍼 놀란
출연 레오나르도 디카프리오 (코브), 조셉 고든 레빗 (아서), 엘리엇 페이지 (애리어든), 톰 하디 (임스), 와타나베 켄 (사이토) 등
러닝 타임 2시간 28분
리스닝 난이도 4.0

크리스토퍼 놀란 감독의 2010년 작품. 정교한 시나리오와 훌륭한 연출, 쟁쟁한 배우들의 연기에 초현실적 시각효과와 웅장한 음악, 긴장감 넘치는 전개로 블록버스터 영화의 진수를 느낄 수 있는 대작. 이야기가 복잡한 편이나 리스닝 자체는 그렇게 어렵지 않다. 영화 팬이라면 놓쳐서는 안 되는 작품.

타인의 설계된 꿈속에 들어가 기업 비밀을 훔치는 코브와 그의 동료들에게 새로운 의뢰가 들어온다. 의뢰자가 원하는

것은 목표물의 머릿속에 어떤 생각을 심어 놓는 것. 훔치는 것과는 차원이 다른 난이도의 임무를 위해 코브는 최고의 팀을 구성해 작전에 돌입한다. 감탄이 나오는 완성도는 물론 배우들의 빼어난 연기를 감상하는 재미가 각별하다.

인터스텔라

Interstellar

등급 ⑫
연도 2014
감독 크리스토퍼 놀란
출연 매튜 맥커너히 (쿠퍼), 앤 해서웨이 (브랜드), 제시카 차스테인 (머피) 등
러닝 타임 2시간 49분
리스닝 난이도 4.5

크리스토퍼 놀란 감독의 2014년 작품. 걸작 블록버스터의 대명사라 할 놀란 감독의 작품인 만큼 시나리오, 연출, 음악, 연기 등 거의 모든 면에서 특별한 체험을 선사하는 작품이니 리스닝 면에선 상당히 까다로울 수 있으므로 어렵게 느껴진다면 다른 작품들을 좀 더 감상한 후에 도전해 보도록 하자. 유령에 관한 신비로운 도입부가 과학 문명의 절정인 우주 탐사와 미래 기술로 이어지는 구성이 독특한 울림을 자아낸다. 그 외의 작품으론 <메멘토>(2000), <인썸니아>(2002), <배트

맨 비긴즈>(2005), <프레스티지>(2006), <다크 나이트>(2008), <다크 나이트 라이즈>(2012), <덩케르크>(2017), <테넷>(2020) 등이 있다.

멸망을 눈앞에 둔 시대. 과학은 위축되고 병충해에 맞서 식량 확보에 총력을 기울이나 미래는 암울하기만 하다. 우주비행사였던 쿠퍼는 어린 자녀를 돌보며 농부로 살아가던 중 이해할 수 없는 신비한 일을 겪게 되고 그 결과 인류의 운명이 걸린 우주 탐사에 나서게 된다. 언제나 완벽한 한스 짐머의 아름다운 음악과 인물들 간의 깊은 정과 사랑이 인상적인 감동적인 작품.

해리 포터와 아즈카반의 죄수

Harry Potter and the Prisoner of Azkaban

등급 All
연도 2004
감독 알폰소 쿠아론
출연 다니엘 래드클리프 (해리 포터), 엠마 왓슨 (헤르미온느 그레인저), 루퍼트 그린트 (론 위즐리) 등
러닝 타임 2시간 22분
리스닝 난이도 4.0

알폰소 쿠아론 감독의 2004년 작품. 영화로 제작된 해리 포터 시리즈 중 특히 완성도가 높은 작품 중 하나로, 고풍스럽고 신비와 미스터리로 가득한 해리 포터의 세계를 때론 유머러스하고, 때론 으스스하며, 때론 기괴하게 영상으로 옮겼다. 정교한 시나리오는 물론 특유의 영상미가 일품인 작품.

호그와트 마법 학교 3학년이 된 해리와 아즈카반 감옥을 탈출한 무시무시한 죄수의 이야기. 불길한 징조가 계속되는

가운데 시시각각 다가오는 위협에 맞서 해리와 그의 친구들은 위기를 헤쳐 나갈 수 있을까. 소설을 영화화하는 쉽지 않은 작업의 성공적인 사례로서도, 잘 만든 판타지 영화로서도 인상적인 작품.

그래비티

Gravity

등급 ⑫
연도 2013
감독 알폰소 쿠아론
출연 산드라 블록 (라이언 스톤), 조지 클루니 (맷 코왈스키) 등
러닝 타임 1시간 31분
리스닝 난이도 4.0

알폰소 쿠아론 감독의 2013년 작품. 상실과 용기, 생명에 관한 우주적 은유이자 압도적 체험으로 관객을 사로잡는 걸작 재난 영화. 정적과 굉음 사이를 자유자재로 오가며 극한 상황에 놓인 캐릭터의 심리를 조명하고 완급을 조절하며 극을 장악하는 솜씨가 경이적이다. 상징적 장면들에 담긴 의미를 짐작해 보는 것도 재미있다. 그 외의 작품으론 <소공녀>(1995), <이 투 마마>(2001), <칠드런 오브 맨>(2006), <로마>(2018) 등이 있다.

라이언은 우주에서 작업을 하던 중 재난을 당해 생존의 위기에 처한다. 베테랑 우주 비행사 맷의 조력이 이어지지만 계속되는 위기 앞에서 무사 귀환의 길은 요원하기만 하다. 생명이 존재할 수 없는 가혹한 우주에서 벌어지는 사투 속에서 역설적으로 생의 의지가 피어오른다.

007 스카이폴

Skyfall

등급 ⓟ
연도 2012
감독 샘 멘데스
출연 다니엘 크레이그 (제임스 본드), 주디 덴치 (M), 하비에르 바르뎀 (실바) 등
러닝 타임 2시간 23분
리스닝 난이도 4.0

샘 멘데스 감독의 2012년 작품. 배우 다니엘 크레이그의 007 시리즈 중에선 세 번째 작품이다. 기계적인 완벽함 대신, 불완전하지만 그렇기에 좀 더 인간적인 제임스 본드를 만나 볼 수 있는 작품. 007 시리즈 팬들이 기대하는 요소들을 충분히 충족시키면서, 보다 입체적으로 캐릭터를 조명하고 복잡한 내력의 악역을 등장시켜 고뇌와 광기를 더해 현대적인 007 영화를 만들어 냈다.

임무를 수행하던 제임스 본드가 실종된 후, 계속되는 적의 공격으로 MI6는 최악의 위기에 직면한다. 소식을 접한 본드는 활동을 재개하지만, 모든 것이 예전 같지 않은 반면 상황은 복잡하고 적은 강력하다. 잘 만든 블록버스터를 감상하는 재미가 각별하다.

1917

1917

등급 ⓵⓹
연도 2019
감독 샘 멘데스
출연 조지 맥케이 (스코필드), 딘-찰스 채프먼 (블레이크) 등
러닝 타임 1시간 59분
리스닝 난이도 4.5

샘 멘데스 감독의 2019년 작품. 촬영 기술의 발전과 장인 정신을 느낄 수 있는 인상적인 장면들로 가득하다. 제한된 시간 내에 사선을 넘어 목적지에 도달해야 하는 주인공들의 여정을 실시간으로 따라가며 몰입감을 극대화하는 한편 단순한 이야기 속에 전쟁의 참상, 가족, 우정 등의 주제를 효과적으로 표현해 냈다. 중단 없이 촬영한 긴 장면들을 정교하게 이어 붙여 마치 한두 번의 촬영만으로 작품을 완성한 듯한 느낌을 준다. 리스닝은 다소 까다로운 편. 그 외의 작품으론

<아메리칸 뷰티>(1999), <로드 투 퍼디션>(2002), <레볼루셔너리 로드>(2008) 등이 있다.

제1차 세계 대전 중인 1917년 4월 6일. 내일 아침 예정된 공격을 중지하라는 긴급 명령을 전달하는 임무가 영국군 병사 블레이크와 스코필드에게 주어진다. 통신망이 두절된 상황에서 두 사람이 명령을 전달하지 못한다면 블레이크의 형제를 포함한 1,600명의 병사가 독일군의 함정으로 걸어 들어가 학살될 것. 사선을 가로지르는 두 사람의 여정이 실시간으로 펼쳐진다.

엑스맨: 데이즈 오브 퓨처 패스트

X-Men: Days of Future Past

등급 ⑫
연도 2014
감독 브라이언 싱어
출연 휴 잭맨 (로건 / 울버린), 제임스 맥어보이 (찰스 자비에), 마이클 패스벤더 (에릭 랜셔), 제니퍼 로렌스 (레이븐 / 미스틱) 등
러닝 타임 2시간 12분
리스닝 난이도 4.0

브라이언 싱어 감독의 2014년 작품. 엑스맨 시리즈 1, 2편의 감독이었던 브라이언 싱어가 다시금 감독을 맡은 작품으로 올드팬과 현재의 팬 모두를 만족시키는 대단히 재미있는 작품이다. 현란한 액션 장면은 물론 매력적인 캐릭터들과 과거와 미래를 오가는 긴박감 넘치는 전개 등 히어로 영화를 좋아한다면 더 이상 바랄 것이 없는 구성으로 시리즈 전체에 새로운 생명을 불어넣었다.

인간과 돌연변이 모두 멸망을 앞둔 암울한 미래. 최후의 희망을 위해 엑스맨들은 로건을 과거로 보내 인류의 천적이 될 인간형 병기 센티넬의 개발을 막고자 한다. 시시각각 위협이 다가오는 가운데 로건은 무수한 난관을 뚫고 동료들과 함께 인류의 미래를 구원할 수 있을까.

보헤미안 랩소디

Bohemian Rhapsody

등급 ⑫
연도 2018
감독 브라이언 싱어
출연 라미 말렉 (프레디 머큐리), 루시 보인턴 (메리 오스틴) 등
러닝 타임 2시간 14분
리스닝 난이도 4.0

브라이언 싱어 감독의 2018년 작품. 전설적인 록 밴드 퀸의 리드 싱어 프레디 머큐리의 이야기. 그의 음악에 대한 열정과 가족, 동료, 사랑, 소수자로서의 삶, 외로움, 역사적인 명곡들과 눈부신 순간들을 그려 냈다. 프레디 역을 맡은 배우 라미 말렉의 인상적인 연기와 명불허전의 명곡들, 가슴 벅찬 마지막 장면들만으로도 이 작품을 감상할 가치는 충분하다. 그 외의 작품으론 <유주얼 서스펙트>(1995), <엑스맨>(2000), <엑스맨 2>(2003) 등이 있다.

뮤지션을 꿈꾸던 프레디는 밴드에 들어가게 되고, 그렇게 결성된 록 밴드 퀸은 공연을 이어 가던 중 앨범 제작을 계기로 도약의 순간을 맞는다. 샘솟는 음악적 열정과 가족 같은 동료들, 평생을 함께할 연인 등 순탄할 것만 같던 그의 삶에 조금씩 그늘이 드리우기 시작한다. 천재들의 삶은 때론 기구하게 느껴지기도 하지만, 그들의 유산은 영원히 남아 우리를 전율케 한다.

로건

Logan

등급 ⑱
연도 2017
감독 제임스 맨골드
출연 휴 잭맨 (로건), 패트릭 스튜어트 (찰스), 다프네 킨 (로라) 등
러닝 타임 2시간 17분
리스닝 난이도 4.0

제임스 맨골드 감독의 2017년 작품. 휴 잭맨이 로건 역으로 출연하는 마지막 작품으로 찰스 역의 또 다른 원년 멤버 패트릭 스튜어트와 함께 엑스맨 히어로들의 쓸쓸한 황혼기를 연기하는 특별한 작품. 쇠락한 히어로들의 내면 묘사와 처절한 액션 장면 등 명장면들로 가득한 가운데 아역 배우 다프네 킨의 액션과 연기 또한 놀라운 수준이다. 청소년은 감상할 수 없는 작품인 만큼 잔혹한 장면들이 다수 포함되어 있다.

돌연변이들이 더 이상 태어나지 않고 기존의 돌연변이들 역시 힘을 잃어 가며 거의 멸종에 이른 미래. 로건은 병든 찰스를 돌보며 운전기사로 살아가던 중 도움을 청하는 한 여인을 만난다. 여인의 딸이라는 어린 소녀를 보호하게 된 로건에게 위험이 닥쳐온다.

포드 v 페라리

Ford v Ferrari

등급 ⑫
연도 2019
감독 제임스 맨골드
출연 맷 데이먼 (캐롤 셸비), 크리스찬 베일 (켄 마일스) 등
러닝 타임 2시간 32분
리스닝 난이도 4.0

    제임스 맨골드 감독의 2019년 작품. '7,000 RPM'. 7,000 RPM에 이르렀을 때 레이서는 모든 것이 사라지는 듯한 느낌과 함께 오롯이 자기 자신을 마주하게 된다고 한다. 개인의 개성과 정체성, 그런 개인들의 열정이 모여 빚어내는 성과, 장인 정신, 그리고 그러한 개인들의 조화로운 협력에 대비되는 권위주의와 경직된 위계질서, 이 두 가지 시스템 간의 갈등을 주제로 한 레이싱 영화. 두 베테랑 배우의 믿음직한 연기는 물론 7,000 RPM을 넘나드는 레이싱 경기의 눈부신 속

도감과 박력이 단숨에 관객을 휘어잡는다. 그 외의 작품으론 <아이덴티티>(2003), <앙코르>(2005), <3:10 투 유마>(2007) 등이 있다.

레이서 출신 자동차 디자이너 캐롤은 르망 24시간 레이스에서 페라리를 꺾을 차량을 제작해 달라는 포드의 제안을 받아들이고 최고의 실력을 가진 레이서 켄을 영입한다. 실력과 열정으로 뭉친 두 사람의 팀은 불가능해 보이는 목표에 한 걸음씩 다가서지만 포드의 권위적인 조직 문화와 모략, 간섭으로 인해 난관에 봉착한다. 두 사람은 내부의 적을 상대하며 최강의 상대인 페라리와의 경쟁에서 승리할 수 있을까.

반지의 제왕: 반지 원정대

The Lord of the Rings: The Fellowship of the Ring

등급 ⑫
연도 2001
감독 피터 잭슨
출연 일라이저 우드 (프로도), 이안 맥켈런 (간달프), 숀 애스틴 (샘), 비고 모텐슨 (아라곤) 등
러닝 타임 2시간 58분
리스닝 난이도 4.0

피터 잭슨 감독의 2001년 작품. 판타지 장르의 영원한 고전을 영화화한 작품으로 이후 모든 판타지 영화의 교본이 된 웅장한 대서사시. 지금 봐도 감단이 절로 나오는 장면들과 음악들, 완벽한 캐스팅, 장엄한 대자연과 고색창연한 건축물들, 박진감 넘치는 액션과 신비로운 연출 등 눈을 떼기 어려운 세 시간이 삽시간에 흘러간다.

평화로운 호빗 마을에서 살아가던 프로도는 악의 군주 사

우론의 절대 반지를 지닌 채 마을을 떠난다. 절대 반지를 파괴할 수 있는 유일한 장소인 모르도르까지 반지를 운반할 것을 결의한 그는 그를 도울 반지 원정대와 함께 중간계 전체의 운명이 걸린 여정에 나선다. 판타지 팬이라면 결코 놓쳐서는 안 될 명작.

호빗 : 뜻밖의 여정

The Hobbit: An Unexpected Journey

등급 ⓬
연도 2012
감독 피터 잭슨
출연 마틴 프리먼 (빌보), 이안 맥켈런 (간달프), 리처드 아미티지 (소린) 등
러닝 타임 2시간 49분
리스닝 난이도 4.0

피터 잭슨 감독의 2012년 작품. <반지의 제왕> 시리즈 이전의 이야기를 다루고 있다. <반지의 제왕>과 비교한다면 아쉬운 면이 있을 수 있으나 중간계 이야기의 감동을 기억하는 이에겐 선물과도 같은 작품. 이전 작과 마찬가지로 삼부작으로 구성되었으며, 이렇게나 공들인 영상으로 하나의 세계를 또 한 번 경험해 볼 수 있다는 것은 즐거운 일이 아닐 수 없다. 그 외의 작품으론 <반지의 제왕: 두 개의 탑>(2002), <반지의 제왕: 왕의 귀환>(2003), <킹콩>(2005), <호빗 : 스마우그의 폐

허>(2013), <호빗: 다섯 군대 전투>(2014) 등이 있다.

    마법사 간달프와의 예기치 않은 만남 이후 일단의 드워프들이 호빗 빌보의 아늑한 집에 들이닥친다. 포악한 드래곤 스마우그에게 빼앗긴 드워프 왕국 에레보르와 보물들을 되찾기 위한 여정에 동참하게 된 빌보는 이들과 함께 길을 나선다. 유쾌하고 용맹한 드워프들과 지혜롭고 든든한 마법사 간달프, 서툴지만 용기 있는 호빗 빌보의 모험이 막을 올린다.

휴고

Hugo

등급 🅰ll
연도 2011
감독 마틴 스코세이지
출연 에이사 버터필드 (휴고), 클로이 모레츠 (이자벨), 벤 킹슬리 (조르쥬 멜리에스) 등
러닝 타임 2시간 6분
리스닝 난이도 4.0

마틴 스코세이지 감독의 2011년 작품. 베스트셀러를 영화화한 작품으로 영상이 무척 아름답다. 소년과 소녀, 꿈, 가족, 공예, 마술, 그리고 영화에 관한 이야기. 톱니바퀴와 나사, 기계 장치로 가득한 소년의 삶과 장인들의 마법 같은 세계가 독특한 여운을 남기는 사랑스러운 작품.

1931년 파리. 기차역의 거대한 시계들을 관리하며 벽 속에 숨어 사는 고아 소년 휴고. 돌아가신 아버지가 남긴 기계 인

형을 고칠 부품을 얻기 위해 장난감을 훔치던 그는 가게 주인에게 붙잡히고 만다. 기계 인형의 설계도가 담긴 수첩을 빼앗긴 그는 수첩을 되찾기 위해 애쓰던 중 한 소녀를 만나게 된다. 마치 마술과도 같았던 최초의 영화들에 바치는 마법 같은 이야기.

아이리시맨

The Irishman

등급 ⑱
연도 2019
감독 마틴 스코세이지
출연 로버트 드 니로 (프랭크 시런), 알 파치노 (지미 호파), 조 페시 (러셀 버팔리노) 등
러닝 타임 3시간 29분
리스닝 난이도 4.5

마틴 스코세이지 감독의 2019년 작품. 미국 역사상 가장 유명한 미제 사건 중 하나인 지미 호파 실종 사건에 관한 범죄 영화. 지미 호파와 가까운 관계였던 마피아 암살자 프랭크 시런의 진술을 바탕으로 한 논픽션 『I Heard You Paint Houses』가 원작이다. 노인이 된 프랭크 시런의 회고는 어느 드라이브 장면으로 시작해 과거를 거쳐 지미 호파의 마지막 드라이브 장면을 향해 달려간다. 전후 미국을 배경으로 한 범죄자들의 씁쓸한 이야기. 거장의 또 한 편의 걸작으로 기

록될 작품으로 범죄 영화에 익숙하다면 놓쳐서는 안 될 작품이다. 세 시간이 훌쩍 넘는 분량에 리스닝 난이도 또한 높은 편. 그 외의 작품으론 <비열한 거리>(1973), <택시 드라이버>(1976), <성난 황소>(1980), <좋은 친구들>(1990), <갱스 오브 뉴욕>(2002), <에비에이터>(2004), <디파티드>(2006), <셔터 아일랜드>(2010), <더 울프 오브 월 스트리트>(2013), <사일런스>(2016) 등이 있다.

프랭크는 화물 트럭 운전사로 일하던 중 마피아 두목 러셀 버팔리노와의 만남을 계기로 암살자로 변해 간다. 러셀은 프랭크를 카리스마 넘치는 전미 화물 운송 노조 위원장 지미 호파에게 소개하고, 이후 프랭크는 지미의 측근이 되어 그의 일을 돕게 된다. 미국 내 가장 강력한 노조를 이끌며 막강한 권력을 행사했던 지미 호파는 뛰어난 협상력과 리더십 외에도 마피아와 결탁하는 등 수단 방법을 가리지 않는 일 처리로 유명했던 전설적인 인물. 명배우들의 열연은 물론 완벽에 가깝게 조율된 영화가 눈부시다.

스타 트렉: 더 비기닝

Star Trek

등급 ⑫
연도 2009
감독 J.J. 에이브럼스
출연 크리스 파인 (커크), 재커리 퀸토 (스팍) 등
러닝 타임 2시간 7분
리스닝 난이도 4.0

J.J. 에이브럼스 감독의 2009년 작품. 스타 트렉 시리즈를 리부트한 작품으로 기존 시리즈를 알지 못하더라도 즐겁게 감상할 수 있는 작품이다. 스타워즈 시리즈 못지않은 스펙터클한 장면들이 시종일관 이어지면서도 함장을 필두로 한 엔터프라이즈호 대원들이 중심이 된다는 점에서 차별화된 재미를 선사한다. 흥미진진한 이야기는 물론 저마다 개성 있는 캐릭터들이 역경 속에서 팀을 이뤄 가는 과정이 인상적인 작품.

정체불명의 괴함선의 공격으로 아버지를 잃은 커크는 아버지의 뒤를 이어 스타플릿에 입대한다. 열정적인 커크는 냉철한 벌칸족 혼혈 스팍과 충돌하던 중 긴급 사태로 엔터프라이즈호에 올라 괴함선과 관계된 대사건에 휘말리게 된다. 반대되는 성향의 두 캐릭터를 비롯한 여러 캐릭터들의 활약을 지켜보는 재미가 상당하다.

스타워즈: 깨어난 포스

Star Wars: Episode VII - The Force Awakens

등급 ⑫
연도 2015
감독 J.J. 에이브럼스
출연 데이지 리들리 (레이), 존 보예가 (핀), 오스카 아이삭 (포 다메론), 아담 드라이버 (카일로 렌) 등
러닝 타임 2시간 18분
리스닝 난이도 4.0

J.J. 에이브럼스 감독의 2015년 작품. 스타워즈 시리즈 세 번째 삼부작의 첫 작품이다. 새로운 주인공들이 활약하는 가운데 이전 작들의 익숙한 얼굴들이 등장해 묵직함을 더한다. 화려한 공중전과 다양한 외계 생명체들, 친근한 로봇들과 광선 무기들, 거대 병기와 신비로운 포스 등 시리즈 특유의 풍성한 볼거리는 여전하다. 그 외의 작품으론 <미션 임파서블 3>(2006), <슈퍼 에이트>(2011), <스타트렉 다크니스>(2013) 등이 있다.

행성 자쿠에서 홀로 살아가던 레이는 우연히 로봇 BB-8을 구해 주게 되고, 사라진 제다이 마스터 루크 스카이워커의 행방을 밝힐 단서를 지닌 BB-8을 노리는 악의 세력 퍼스트 오더에게 쫓기게 된다. 도중에 합류한 스톰트루퍼 출신 핀과 함께 레이는 저항군을 찾아 떠난다. SF 장르의 대표 브랜드 중 하나로, 걸작이었던 초기 작품들을 비롯한 과거의 삼부작들 역시 무척 재미있다.

루퍼

Looper

등급 ⑱
연도 2012
감독 라이언 존슨
출연 조셉 고든 레빗 (조), 브루스 윌리스 (나이 든 조), 에밀리 블런트 (사라) 등
러닝 타임 1시간 53분
리스닝 난이도 4.0

라이언 존슨 감독의 2012년 작품. 시간 여행을 소재로 한 독특한 이야기. 재미있지만 진부해지기 쉬운 소재들을 창의적으로 활용해 한 편의 멋진 작품으로 만들어 냈다. 간결하게 세계관이 제시된 후 충격적인 장면으로 긴장감을 조성한 뒤 빠르게 사건을 전개해 나간다. 잘 짜인 이야기의 힘을 느낄 수 있는 재미있는 작품.

시간 여행이 가능해졌으나 불법화된 미래. 범죄 조직들은

은밀히 시간 여행을 활용해 살해 대상들을 30년 전 과거로 보낸다. 주인공 조는 이렇게 미래에서 보내온 이들을 현장에서 살해하고 시신을 처리하는 이른바 루퍼 중 한 사람이다. 어느 날 조에게 미래의 자신이 살해 대상으로 보내지고 그를 놓친 조는 조직에게 쫓기는 신세가 되고 만다. 직접 쓴 이야기를 영상으로 풀어내는 역량이 놀랍다.

나이브스 아웃

Knives Out

등급 ⑫
연도 2019
감독 라이언 존슨
출연 아나 디 아르마스 (마르타), 다니엘 크레이그 (브누아 블랑) 등
러닝 타임 2시간 10분
리스닝 난이도 4.0

라이언 존슨 감독의 2019년 작품. 애거서 크리스티의 작품들을 연상케 하는 고전 추리극 형식을 현대적으로 계승한 작품이자 한바탕 풍자극이며 거짓과 진신의 대결을 그린 라이어 게임. 소품 하나에까지 의미를 담은 세심한 구성이 인상적이다. 영상미 역시 일품이며 배우들의 연기를 지켜보는 재미 또한 훌륭하다. 그 외의 작품으론 <브릭>(2005), <스타워즈: 라스트 제다이>(2017) 등이 있다.

고령의 유명 미스터리 작가가 숨진 채 발견된다. 고인의 간호사였던 마르타를 비롯해 유족들이 고인의 저택에 모인 가운데 경찰과 사립 탐정 브누아 블랑의 조사가 시작된다. 하나씩 드러나는 유족들의 거짓과 위선, 의심스러운 정황 등으로 용의자는 늘어만 가고, 마르타와 브누아 블랑이 마주 앉은 장면부터 본격적인 이야기가 전개되기 시작한다.

프로메테우스

Prometheus

등급 ⓲
연도 2012
감독 리들리 스콧
출연 누미 라파스 (엘리자베스 쇼), 마이클 패스벤더 (데이빗), 샤를리즈 테론 (메레디스 비커스), 이드리스 엘바 (자넥) 등
러닝 타임 2시간 4분
리스닝 난이도 4.0

    리들리 스콧 감독의 2012년 작품. 에이리언 시리즈 1편의 감독이었던 리들리 스콧이 기획한 새로운 에이리언 시리즈의 첫 작품. 내용상 에이리언 1편의 과거 이야기에 가까우며 삼부작의 도입부인 만큼 에이리언이 중심이라기보다는 인간과 에이리언의 기원에 관한 이야기를 주로 다룬다. 1편에도 등장했던 인조인간 관련 내용을 강화한 점은 감독의 또 다른 걸작인 <블레이드 러너>(1982)를 연상케 하며, 이로써 창조자와 피조물, 그리고 그 피조물이 다시 창조자가 되는 연쇄 작용

이 극의 중심에 놓이게 된다. 에이리언 시리즈 특유의 긴박감 넘치는 전개와 액션을 기대한다면 아쉬움을 느낄 수 있으나 <에이리언>(1979)과 <블레이드 러너>를 창조한 거장이 두 걸작의 연장선상에 놓인 새로운 시리즈를 선보인다는 것은 고무적인 일이며, 장엄한 영상미 또한 압권이다.

인류의 기원에 관한 단서들이 발견되고 단서들이 가리키는 머나먼 은하계를 목표로 탐사대가 조직된다. 고고학자 엘리자베스를 비롯한 탐사대가 2년여간 수면에 들어간 동안 우주선에서 홀로 시간을 보내던 인조인간 데이빗은 마침내 목적지에 도달한 순간을 목도한다. 탐사대가 깨어나고, 발견된 외계 구조물에 진입한 그들을 기다리던 경이와 위험은 과연 무엇일까. 전작의 주인공 리플리를 떠올리게 하는 엘리자베스의 단호한 결단과 행동력이 놀랍다.

마션

The Martian

등급 ⑫
연도 2015
감독 리들리 스콧
출연 맷 데이먼 (마크 와트니), 제시카 차스테인 (멜리사 루이스) 등
러닝 타임 2시간 24분
리스닝 난이도 4.0

    리들리 스콧 감독의 2015년 작품. 소설을 영화화한 작품으로 멋진 아이디어들로 가득한 영리한 이야기. 사실적인 묘사와 훌륭한 연기가 현실감을 높이는 가운데 잘 만든 이야기가 주는 감동을 고스란히 느낄 수 있는 인상적인 작품이다. 사막 같은 거대한 행성을 홀로 가로지르는 장면들이 무척 아름답다. 그 외의 작품으론 <에이리언>(1979), <블레이드 러너>(1982), <델마와 루이스>(1991), <글래디에이터>(2000), <블랙 호크 다운>(2001), <매치스틱 맨>(2003), <아메리칸 갱스터>(2007), <에

이리언: 커버넌트>(2017), <올 더 머니>(2017) 등이 있다.

  우주 비행사 마크는 동료들과 함께 화성에서 작업을 하던 중 폭풍으로 인해 사고를 당하고 그가 죽었다고 판단한 동료들은 폭풍을 피해 화성을 떠난다. 마크는 기적적으로 살아남아 상처를 치료하지만, 통신 설비가 부서지고 언제 구조될지 알 수 없는 상황에서 화성의 혹독한 환경을 견디며 생존해야 하는 막막한 현실을 마주하게 된다.

컨택트

Arrival

등급 ⑫
연도 2016
감독 드니 빌뇌브
출연 에이미 아담스 (루이스), 제레미 레너 (이안), 포레스트 휘태커 (웨버 대령) 등
러닝 타임 1시간 56분
리스닝 난이도 4.0

드니 빌뇌브 감독의 2016년 작품. 차분하게 흘러가는 드라마와 기이하고 명상적인 아름다움이 인상적인 SF 작품으로 테드 창의 중편 「Story of Your Life」가 원작이다. 완성도 높은 작품이 흔히 그렇듯 깊은 여운을 남기는 결말이 기다리고 있으므로 보다 동적인 작품을 선호하는 이라도 끝까지 감상해 볼 것을 권한다.

외계 비행 물체 12개가 세계 각지에 나타나자 각국은 비상

체제에 돌입한다. 언어학자 루이스는 물리학자 이안과 함께 외계인과 접촉해 그들의 목적을 알아내는 임무를 맡게 되고, 지구의 언어와는 전혀 다른 그들의 기이한 언어를 해석하는 작업에 착수한다. 원작에 못지않은 걸작.

블레이드 러너 2049

Blade Runner 2049

등급 ⑮
연도 2017
감독 드니 빌뇌브
출연 라이언 고슬링 (K), 해리슨 포드 (릭 데커드), 아나 디 아르마스 (조이) 등
러닝 타임 2시간 44분
리스닝 난이도 4.0

　드니 빌뇌브 감독의 2017년 작품. <블레이드 러너>(1982)의 속편이며, 어둡고 가라앉은 분위기, 고독하며 명상적인 느낌은 재미있는 작품의 정의엔 부합하지 않을 수 있으나 또 한 편의 SF 걸작임은 분명하다. 무겁지만 그만큼 곁의 존재가 빛을 발하는 작품으로 영상, 음악, 연기 등 완벽에 가까운 완성도는 놀라울 정도. 15세 관람가 작품이나 표현 수위가 상당히 높은 편이며 일부 잔혹한 장면이 포함되어 있다. 그 외의 작품으론 <그을린 사랑>(2010), <프리즈너스>(2013), <시카리

오: 암살자의 도시>(2015), <듄>(2021) 등이 있다.

    통제되지 않는 전 세대 인조인간들을 사냥하는 블레이드 러너 K는 인간에게도, 같은 인조인간에게도 환영받지 못하는 존재다. K는 임무를 수행하던 중 기적이라 불리는 비밀을 발견하게 되고, 비밀을 둘러싼 여러 세력이 주시하는 가운데 단서를 쫓기 시작한다.

비포 미드나잇

Before Midnight

등급 ⑱
연도 2013
감독 리처드 링클레이터
출연 에단 호크 (제시), 줄리 델피 (셀린느) 등
러닝 타임 1시간 49분
리스닝 난이도 4.0

리처드 링클레이터 감독의 2013년 작품. <비포 선라이즈>(1995), <비포 선셋>(2004)에 이은 제시와 셀린느의 세 번째 이야기. 두 사람의 첫 만남 이후 9년, 그리고 다시 9년 후의 이야기로 시리즈와 함께 나이 들어 가는 두 사람의 이야기를 만나 볼 수 있는 매우 특별한 작품. 도입부의 긴 드라이브 장면 중 대화를 나누는 두 사람의 뒤로 흘러가는 풍경들이 마치 세월처럼 아련하다. 언제나 그랬듯 하루 동안의 이야기를 다루며 시간이 흐르듯 자연스레 흘러가는 두

사람의 대화가 극의 중심이 된다.

가족과 함께 그리스에서 여름을 보낸 제시는 공항에서 아들을 전처에게 돌려보낸 후 셀린느와 두 딸과 함께 다시 숙소로 향한다. 제시는 아들과 떨어져 사는 현실을 안타까워하고, 아이들이 잠든 차 안에서 제시와 셀린느는 이야기를 나누기 시작한다.

보이후드

Boyhood

등급 ⓕ
연도 2014
감독 리처드 링클레이터
출연 엘라 콜트레인 (메이슨 에반스 주니어), 패트리샤 아퀘트 (올리비아), 에단 호크 (메이슨 에반스 시니어) 등
러닝 타임 2시간 45분
리스닝 난이도 4.0

    리처드 링클레이터 감독의 2014년 작품. 12년에 걸쳐 촬영한 작품으로 여섯 살 소년이 열여덟 살이 되기까지의 성장 과정을 영화 한 편에 담아냈다. 해체와 결합을 반복하는 현대 가정사 속에서 꿋꿋이 자라나는 아이들의 모습이 뭉클하다. 성장한 주인공의 깊은 눈빛이 인상적인 작품. 그 외의 작품으론 <비포 선라이즈>(1995), <웨이킹 라이프>(2001), <스쿨 오브 락>(2003), <비포 선셋>(2004), <스캐너 다클리>(2006), <버니>(2011), <에브리바디 원츠 썸!!>(2016) 등이 있다.

여섯 살 메이슨은 이혼한 엄마 올리비아와 누나 사만다와 함께 살아간다. 가족의 더 나은 삶을 위해 대학에 돌아가기로 한 엄마의 결정에 따라 아이들은 정든 집과 친구들에게 작별을 고한다. 아이들은 오랜만에 돌아온 아빠와 즐거운 시간을 보내지만 엄마와 아빠가 재결합할 기미는 보이지 않는다. 그렇게 한 해 한 해가 차곡차곡 쌓여 가고, 아이들은 조금씩 어른이 되어 간다.

인사이드 르윈

Inside Llewyn Davis

등급 ⑮
연도 2013
감독 조엘 코엔, 에단 코엔
출연 오스카 아이삭 (르윈 데이비스), 캐리 멀리건 (진 버키), 저스틴 팀버레이크 (짐 버키) 등
러닝 타임 1시간 44분
리스닝 난이도 4.0

코엔 형제의 2013년 작품. 무명 포크 뮤지션의 고단한 여정을 그린 음악 영화로, 인생사의 씁쓸함과 부조리를 직시하는 코엔 형제의 작품들에 익숙하지 않다면 낯설게 느껴질 수도 있는 작품. 우수 어린 영상과 음악이 매혹적이다. 웃어야 할지 울어야 할지 알 수 없는 코믹한 순간들이 무게를 덜어내며 균형감을 더한다. 주인공의 뮤지션으로서의 정체성을 상징하는 고양이를 활용한 여러 장면들이 재미있다. 솜씨 좋은 장인들의 수공예 같은 걸작.

지인들의 집을 전전하며 살아가는 포크 뮤지션 르윈은 실수로 지인의 고양이를 보호하는 신세가 된다. 파트너의 자살 후 발매한 솔로 앨범도 팔리지 않아 겨울에 코트도 없이 기타를 들고 고양이를 안은 채 또 다른 지인의 집을 향해 바쁘게 걸음을 옮긴다. 이어지는 고난 속에서 르윈은 뮤지션으로서의 자신을 지켜 갈 수 있을까.

카우보이의 노래

The Ballad of Buster Scruggs

등급 ⑱
연도 2018
감독 조엘 코엔, 에단 코엔
출연 팀 블레이크 넬슨 (버스터 스크러그스), 제임스 프랭코 (카우보이), 리암 니슨 (단장), 해리 멜링 (아티스트) 등
러닝 타임 2시간 13분
리스닝 난이도 4.5

코엔 형제의 2018년 작품. 서부극 단편 여섯 편으로 구성된 이야기. 일부 에피소드엔 원작이 존재하나 언제나 그렇듯 직접 쓴 각본을 영상화한 작품으로 서부극 혹은 현 세태를 풍자하는 작품이다. 첫 에피소드에선 이제는 과거가 되어 버린 서부극에 작별을 고하나 어째선지 여전히 노래를 그치지 않는 무법자로 인해 이후의 에피소드들은 영화의 제목 그대로 이 무법자의 노래가 되어 버린다. 과장적이라 느껴질 만큼 정형화된 캐릭터들과 야만적인 악마들로 묘사되는 아메

리카 원주민들 등 과거 서부극의 고정 관념들까지 고스란히 복원해 놓은 에피소드들은 때때로 그 잔혹성으로 인해 씁쓸함을 느끼게 한다. 마침내 손수 저승문을 열어 끝끝내 작별을 고하고야 마는 신랄한 풍자가 주로 겨냥하고 있는 것이 서부극인지 아니면 인종 문제 등이 새롭게 대두되고 있는 현실인지는 관객의 판단에 맡겨져 있다. 그 외의 작품으론 <블러드 심플>(1984), <아리조나 유괴 사건>(1987), <밀러스 크로싱>(1990), <바톤 핑크>(1991), <파고>(1996), <위대한 레보스키>(1998), <오 형제여 어디 있는가>(2000), <그 남자는 거기 없었다>(2001), <노인을 위한 나라는 없다>(2007), <번 애프터 리딩>(2008), <시리어스 맨>(2009), <더 브레이브>(2010), <헤일, 시저!>(2016) 등이 있다.

영화는 가상의 낡은 책을 펼쳐 에피소드마다 일러스트와 도입부의 텍스트를 보여준 후 시작하는 형식을 통해 마치 옛 소설집을 읽고 있는 듯한 독특한 느낌을 준다. 노래하는 무법자, 은행 강도, 유랑 극단 등의 이야기가 순차적으로 펼쳐진다. 일러스트와 영상이 대단히 수려하며 인상적인 장면들로 가득하다. 서부극 장르가 흔히 그렇듯 리스닝은 상당히 까다로운 편.

실버라이닝 플레이북

Silver Linings Playbook

등급 ⑱
연도 2012
감독 데이비드 O. 러셀
출연 브래들리 쿠퍼 (팻), 제니퍼 로렌스 (티파니), 로버트 드 니로 (팻 시니어) 등
러닝 타임 2시간 2분
리스닝 난이도 4.0

데이비드 O. 러셀 감독의 2012년 작품. 소설을 영화화한 작품으로, 정상이라 불리는 궤도에서 이탈한 두 남녀의 상처와 치유에 관한 이야기. 이탈하지 않았다면 아마도 서로를 이해하지 못했을 두 사람의 기행과 그 기행이 특별한 만남으로 이어지기까지의 과정이 흥미롭다. 안정적인 연출과 배우들의 훌륭한 연기가 인상적인 작품.

긍정의 힘을 믿으며 재활에 힘쓰던 팻은 정신 병원에서 퇴

원한 후 과거의 삶을 되찾기 위해 노력하나 여전히 충격에서 벗어나지 못한 채 감정을 통제하는 데 어려움을 겪는다. 현실과 동떨어진 낙관적 전망에 집착하며 기행을 일삼던 그는 똑같이 과거의 충격으로 기행에 빠져든 티파니를 만나게 되고, 두 사람 모두에게 변화가 찾아오기 시작한다.

아메리칸 허슬

American Hustle

등급 ⑱
연도 2013
감독 데이비드 O. 러셀
출연 크리스찬 베일 (어빙 로젠펠드), 에이미 아담스 (시드니 프로서), 브래들리 쿠퍼 (리치 디마소), 제레미 레너 (카마인 폴리토), 제니퍼 로렌스 (로잘린 로젠펠드) 등
러닝 타임 2시간 18분
리스닝 난이도 4.0

데이비드 O. 러셀 감독의 2013년 작품. 사면초가에 처한 어느 사기꾼의 수난기이자 속고 속이는 거짓말쟁이들의 한판 승부. 사기극 장르 본연의 재미는 물론 복잡하게 얽혀 가는 인물들의 치열한 생존 경쟁을 그린 배우들의 연기 대결이 볼 만하다. 선악이 분명치 않은 캐릭터들을 입체적으로 조명하며 인물들 간의 관계를 공들여 연출한 전반부에 힘입어 주요 인물들이 각축을 벌이기 시작하는 중반부터 영화는 급물살을 타기 시작한다. 잘 알려진 곡들을 활용한 재치 있는 장면

들이 인상적인 작품. 그 외의 작품으론 <디제스터>(1996), <쓰리 킹즈>(1999), <파이터>(2010) 등이 있다.

신중하게 위험을 회피하며 살아온 사기꾼 어빙은 동료이자 연인인 시드니와 함께 승승장구하던 중 FBI 요원 리치의 함정 수사에 걸려 또 다른 함정 수사에 협력하는 신세가 되고 만다. 출세욕에 불타는 리치는 어빙과 시드니의 안전은 도외시한 채 판을 계속 키워 나가고, 어빙의 예측 불허의 아내 로잘린까지 얽혀 들며 위험은 커져만 간다.

마이 리틀 자이언트

The BFG

등급 Ⓐ
연도 2016
감독 스티븐 스필버그
출연 마크 라이런스 (BFG), 루비 반힐 (소피) 등
러닝 타임 1시간 57분
리스닝 난이도 4.0

스티븐 스필버그 감독의 2016년 작품. 로알드 달의 동화를 영화화한 작품이다. 용감한 소녀와 친근한 거인 할아버지의 이야기로, 아이들 눈높이에 맞춘 작품이지만 로알드 달의 작품이나 판타지 영화를 좋아한다면 감탄이 나올 만큼 영상의 완성도가 빼어나다. 꿈과 용기, 순수한 마음에 관한 또 한 편의 선물 같은 이야기.

한밤중에 창밖을 내다보던 고아 소녀 소피는 거인을 목격

한 후 거인 나라로 납치되어 간다. 예상외로 상냥한 거인 할아버지와 소피는 친구가 되나 다른 거인들은 훨씬 덩치가 크고 흉포하며 실제로 인간을 잡아먹는다는 사실을 알게 된다. 꿈을 채집하러 간다는 거인 할아버지의 말에 호기심을 느낀 소피는 같이 가게 해 달라며 조르기 시작한다.

레디 플레이어 원

Ready Player One

등급 ⑫
연도 2018
감독 스티븐 스필버그
출연 타이 쉐리던 (웨이드 / 파시발) 등
러닝 타임 2시간 20분
리스닝 난이도 4.0

 스티븐 스필버그 감독의 2018년 작품. 소설을 영화화한 작품으로 현란한 영상으로 표현된 가상 현실과 디스토피아에 가깝게 묘사된 현실 세계를 오가는 모험담도 재미있지만, 곳곳에 숨어 있는 반가운 캐릭터들과 익숙한 영화, 애니메이션, 음악 등을 인용한 장면들을 찾아보는 재미 또한 만만치 않다. 첫 번째 관문인 레이싱 경주에서 주인공이 운전하는 차량은 영화 <빽 투 더 퓨쳐> 시리즈의 타임머신인 드로리안으로, 옛 대중문화의 축제와도 같은 작품의 특징을 잘 반영하고 있다. 대중문화에 지대하게 공헌해 온 스필버그 감독의 작품이란 점에서 더욱 의미 있는 작품. 그 외의 작품으론 <죠스>(1975), <미지와의 조우>(1977), <레이더스>(1981), <이티>(1982), <컬러 퍼플>(1985), <인디아나 존스 - 최후의 성전>(1989), <쥬라기 공원>(1993), <쉰들러 리스트>(1993), <라이언 일병 구하기>(1998), <에이 아이>(2001), <마이너리티 리포트>(2002), <캐치 미 이프 유 캔>(2002), <터미널>(2004), <우주전쟁>(2005), <뮌헨>(2005), <인디아나 존스: 크리스탈 해골의 왕국>(2008), <틴틴 : 유니콘호의 비밀>(2011), <워 호스>(2011), <링컨>(2012), <스파이 브릿지>(2015), <더 포스트>(2017) 등이 있다.

2045년. 답답한 현실에서 탈출하길 원하는 사람들은 무한한 자유를 선사하는 가상 현실 '오아시스(OASIS)'에 열광하고 오아시스는 전 세계인의 또 하나의 현실로 자리를 잡는다. 오아시스의 창시자 제임스 할리데이는 자신이 가상 현실 속에 숨겨 놓은 세 개의 열쇠를 가장 먼저 찾아내는 이에게 오아시스의 통제권을 비롯한 막대한 재산을 상속한다는 유언을 남기고, 무수한 도전에도 불구하고 아직 단 한 개의 열쇠를 획득한 이도 존재하지 않는 가운데 주인공 웨이드는 친구 에이치와 함께 첫 번째 관문이라 알려진 터무니없는 난이도의 레이싱 경주에 또 한 번 도전을 시작한다.

미션 임파서블: 로그네이션

Mission: Impossible - Rogue Nation

등급 ⑮
연도 2015
감독 크리스토퍼 맥쿼리
출연 톰 크루즈 (에단 헌트), 레베카 퍼거슨 (일사 파우스트), 제레미 레너 (윌리엄 브랜트), 사이먼 페그 (벤지 던), 빙 라메스 (루터 스티켈) 등
러닝 타임 2시간 11분
리스닝 난이도 4.0

크리스토퍼 맥쿼리 감독의 2015년 작품. <미션 임파서블> 시리즈의 다섯 번째 이야기. 이번 편에선 주인공과 동료들의 팀플레이 외에도 새로운 캐릭터가 추가되어 거의 투 톱 체제에 가까운 활약을 펼치며, 시리즈 특유의 아슬아슬한 명장면들 역시 여전하다. 고풍스러움마저 느껴지는 서스펜스와 액션이 압권. 훌륭했던 전편을 후속편이 계속해서 뛰어넘는 놀라운 시리즈.

정체불명의 범죄 조직 신디케이트를 조사하던 IMF(Impossible Mission Force) 요원 에단 헌트는 오히려 적들에게 납치를 당하고 만다. 한편 IMF를 눈엣가시로 여기던 CIA의 공세로 인해 IMF는 해체되기에 이르고, 뜻밖의 조력에 의해 탈출에 성공한 에단 헌트는 돌아갈 곳을 잃은 채 CIA에게 쫓기는 와중에도 신디케이트에 대한 조사를 계속해 나간다. 그리고 무대는 오스트리아 빈. 마침내 헌트와 동료들이 신디케이트와 격돌한다.

미션 임파서블: 폴아웃

Mission: Impossible - Fallout

등급 ⓕ
연도 2018
감독 크리스토퍼 맥쿼리
출연 톰 크루즈 (에단 헌트), 헨리 카빌 (어거스트 워커), 빙 라메스 (루터 스티켈), 사이먼 페그 (벤지 던), 레베카 퍼거슨 (일사 파우스트) 등
러닝 타임 2시간 27분
리스닝 난이도 4.0

크리스토퍼 맥쿼리 감독의 2018년 작품. <미션 임파서블> 시리즈 여섯 번째 이야기로, 5편에 이어 다시금 연출을 맡았으며 제작 중인 7, 8편의 감독 또한 동일하다. 5편에 이어 강력한 캐릭터를 또 한 번 투입해 거의 히어로 영화에 가까운 화려한 구성을 보이며, 이야기의 만듦새나 여러 트릭들, 드라마, 공들여 제작된 액션 장면 등은 물론 주연을 맡은 톰 크루즈의 나이를 잊은 투혼이 인상적인 걸작 블록버스터.

범죄 조직의 손에 플루토늄이 넘어가는 걸 막기 위한 임무에서 동료의 목숨을 우선시한 에단 헌트의 행동에 의해 임무는 실패로 돌아가고, IMF는 CIA 요원 어거스트 워커와의 불편한 동행을 감수한 채 이후의 작전에 돌입한다. 5편의 연장선상에 있는 이야기로, 익숙한 인물들과 새로운 인물들이 어우러지는 장면들이 흥미롭다.

패딩턴

Paddington

등급 ⓐ
연도 2014
감독 폴 킹
출연 벤 위쇼 (패딩턴 목소리), 휴 보네빌 (헨리 브라운), 샐리 호킨스 (매리 브라운), 니콜 키드먼 (밀리센트) 등
러닝 타임 1시간 35분
리스닝 난이도 4.0

    폴 킹 감독의 2014년 작품. 소설, 애니메이션 등으로 유명한 패딩턴 베어 이야기를 새롭게 영상화했다. 동물 캐릭터를 좋아한다면 거의 완벽한 작품으로, 한 편의 명작 애니메이션을 감상한 듯한 뿌듯한 만족감을 남기는 작품. 가족들이 함께 살아가는 집이라는 공간과 캐릭터 하나하나를 솜씨 좋게 활용하는 한편 좌충우돌 주인공을 중심으로 한 코믹하고 사랑스러운 장면들은 그야말로 눈을 떼기 어려울 정도. 섬세한 영상미 역시 일품이며, 즐거운 웃음이 절로 터져 나오는 빼

어난 작품.

  지진으로 살 곳을 잃은 꼬마 곰이 새로운 집을 찾아 페루를 떠나 런던으로 향한다. 가족이 되어 줄 이를 찾는 꼬마 곰을 사람들은 무심히 스쳐 지나고, 무관심에 지쳐 갈 즈음 그는 브라운 가족을 만난다. 그들이 만난 기차역의 이름을 따 패딩턴이라 불리게 된 꼬마 곰은 그를 도와주려는 브라운 가족의 집에서 하룻밤 신세를 지게 되고, 새로운 가족과 집을 찾는 패딩턴의 모험이 시작된 가운데 예기치 못한 위험이 그를 찾아온다.

패딩턴 2

Paddington 2

등급 Ⓐⓛⓛ
연도 2017
감독 폴 킹
출연 벤 위쇼 (패딩턴 목소리), 휴 그랜트 (피닉스 뷰캐넌), 샐리 호킨스 (매리 브라운), 휴 보네빌 (헨리 브라운) 등
러닝 타임 1시간 43분
리스닝 난이도 4.0

폴 킹 감독의 2017년 작품. 사랑스러운 데다 대견하기까지 한 꼬마 곰 패딩턴의 두 번째 이야기. 루시 숙모의 생일 선물을 마련하기 위한 패딩턴의 고군분투가 감옥까지 등장하는 한바탕 대소동으로 이어지는 과정을 재미있게 그려 냈다. 패딩턴이 루시 숙모에게 보내는 편지들이 여전히 서사의 중요한 부분을 담당하는 가운데 그리움과 감사의 대상인 루시 숙모와 관련된 장면들이 이야기 전체를 견고하게 뒷받침하며 뭉클한 감동을 이끌어 낸다.

패딩턴은 루시 숙모의 100세 생일을 위한 완벽한 선물이 되어 줄 희귀한 팝업북을 구입하기 위해 아르바이트를 시작한다. 사고뭉치 패딩턴의 첫 아르바이트는 실패로 돌아가지만 새로운 아르바이트로 착실히 돈을 모아 가던 패딩턴은 어느 날 밤 팝업북의 절도 현장을 목격하게 된다. 속편은 전편만 못하다는 속설이 무색한 훌륭한 작품.

아이언맨

Iron Man

등급 ⑫
연도 2008
감독 존 파브로
출연 로버트 다우니 주니어 (토니 스타크), 기네스 팰트로 (페퍼 포츠) 등
러닝 타임 2시간 6분
리스닝 난이도 4.0

존 파브로 감독의 2008년 작품. 10여 년에 걸쳐 블록버스터 흥행의 역사를 새로 쓰다시피 한 마블 시네마틱 유니버스(Marvel Cinematic Universe, MCU)의 첫 작품이다. 배우 로버트 다우니 주니어가 선보인 강렬한 캐릭터성이 첫 번째 성공 요인이라 할 수 있으나 연출 또한 훌륭하며 무엇보다도 대단히 재미있다. 엄청난 성공으로 이후의 MCU 작품들의 초석이 된 작품.

세계적인 무기 제조업체의 CEO이자 천재 엔지니어인 토니 스타크는 아프가니스탄에서 신무기 시연을 마치고 돌아가던 중 습격을 당해 치명적인 부상을 입은 채 무장 세력의 포로가 되고 만다. 기적적으로 목숨을 건진 그에게 무장 세력은 무기를 제조해 줄 것을 요구하고, 토니는 그들의 요구를 들어주는 척하며 반격을 준비하기 시작한다.

정글북

The Jungle Book

등급 ⑫
연도 2016
감독 존 파브로
출연 닐 세티 (모글리), 빌 머레이 (발루 목소리), 벤 킹슬리 (바기라 목소리), 이드리스 엘바 (쉬어칸 목소리) 등
러닝 타임 1시간 46분
리스닝 난이도 4.0

존 파브로 감독의 2016년 작품. CG로 구현된 동물들의 생동감 넘치는 모습도 볼만하지만, 익숙한 이야기를 현대적으로 변주해 스펙터클한 액션과 함께 한 편의 재미있는 블록버스터로 만들어 낸 솜씨가 놀랍다. 디즈니 영화다운 흥겨운 노래들과 매력적인 캐릭터들, 정글에 고대 유적까지 보고 듣는 즐거움이 대단하다. 그 외의 작품으론 <아이언맨 2>(2010), <아메리칸 셰프>(2014) 등이 있다.

정글에서 늑대 무리의 일원으로 자라난 소년 모글리. 그러나 인간을 증오하는 호랑이 쉬어칸으로 인해 모글리는 무리를 떠나게 되고, 흑표범 바기라는 모글리를 데리고 인간들의 마을로 향한다. 영리하고 용감한 소년 모글리의 모험과 성장에 관한 이야기.

Up!

가디언즈 오브 갤럭시

Guardians of the Galaxy

등급 ⑫
연도 2014
감독 제임스 건
출연 크리스 프랫 (피터 퀼), 조 샐다나 (가모라), 데이브 바티스타 (드랙스), 브래들리 쿠퍼 (로켓 목소리), 빈 디젤 (그루트 목소리) 등
러닝 타임 2시간 1분
리스닝 난이도 4.0

제임스 건 감독의 2014년 작품. MCU 세계관의 광대함을 잘 표현하며 그 잠재력을 크게 확장한 작품이지만 단독 작품으로서도 준수한 SF 영화. 중심이 되는 인물은 존재하지만 팀플레이가 인상적인 작품으로, 간략하면서도 효과적으로 캐릭터들을 소개하고 함께 위기를 극복하며 팀을 이뤄 가는 과정을 경쾌한 음악과 화려한 영상, 블록버스터다운 멋진 액션과 더불어 완성도 높게 표현해 냈다.

어려서 어머니를 잃고 납치당해 우주 도적단의 일원으로 성장한 피터는 버려진 행성에서 정체불명의 오브를 훔치던 중 오브를 노리는 또 다른 세력인 로난의 부하들과 충돌한다. 무사히 탈출한 피터는 도적단을 배신하고 오브를 처분하기 위해 잔다르 행성으로 향하고, 도적단 두목 욘두는 피터에게 현상금을 건다. 잘 만든 SF 시리즈에 대한 갈증을 달래줄 반가운 작품.

가디언즈 오브 갤럭시 VOL. 2

Guardians of the Galaxy Vol. 2

등급 ⑫
연도 2017
감독 제임스 건
출연 크리스 프랫 (피터 퀼), 조 샐다나 (가모라), 데이브 바티스타 (드랙스), 브래들리 쿠퍼 (로켓 목소리), 빈 디젤 (베이비 그루트 목소리) 등
러닝 타임 2시간 16분
리스닝 난이도 4.0

제임스 건 감독의 2017년 작품. <가디언즈 오브 갤럭시> 시리즈의 두 번째 이야기. 캐릭터들의 다양한 피부색만큼이나 조화롭고 화려한 색감, 오래된 카세트테이프와 적시에 흘러나오는 옛 팝송들도 여전하다. 옛 스타워즈 시리즈를 연상케 하는 플롯을 통해 복고적 느낌을 강화하는 한편 다른 마블 히어로들과 균형을 맞추려는 듯 중심 캐릭터에게 힘을 실어 주되 한 사람만의 이야기가 아닌 모두의 이야기가 될 수 있도록 공들여 구성한 이야기. 여전히 다음 편을 기대할 수

밖에 없는 영리한 시리즈. 그 외의 작품으로는 <더 수어사이드 스쿼드>(2021) 등이 있다.

   소버린 행성의 배터리를 노리는 우주 괴수를 처리하는 의뢰를 마친 가디언즈 오브 갤럭시는 그 대가로 가모라의 자매인 네뷸라를 넘겨받은 뒤 행성을 떠난다. 그러나 로켓이 배터리를 훔친 사실이 발각되면서 소버린 함대의 공격을 받게 되고, 수수께끼의 인물의 도움으로 위기에서 벗어나나 우주선이 대파된 채 또 다른 행성에 추락하고 만다. 마스코트 같은 역할의 베이비 그루트의 천진난만한 활약이 인상적인 재미있는 작품.

오스카 그랜트의 어떤 하루

Fruitvale Station

등급 ⓵⓹
연도 2013
감독 라이언 쿠글러
출연 마이클 B. 조던 (오스카), 멜로니 디아즈 (소피나), 옥타비아 스펜서 (완다) 등
러닝 타임 1시간 25분
리스닝 난이도 4.5

라이언 쿠글러 감독의 2013년 작품. 저예산 영화로 상업 영화의 공식에 충실한 작품도 아니지만 인상적인 데뷔작임은 분명하다. 실화를 기반으로 차곡차곡 이야기를 쌓아 나가며 공감대를 형성하고 결말의 충격을 통해 선명한 메시지를 전달한다. 인종 문제를 다룬 작품이지만 편견과 부당한 대우에 노출된 모든 이를 위한 이야기일 수도 있는 호소력 있는 작품. 리스닝은 조금 까다로운 편.

한 해를 마무리하며 여자 친구와 새해맞이 다짐을 교환하는 오스카는 어린 딸을 둔 스물두 살 흑인 청년이다. 영화는 2008년 마지막 하루를 보내는 오스카의 일상을 따라 흘러가며, 불법적인 일을 그만두고 안정적인 가정을 꾸리려는 그의 다짐과 여러 현실적인 어려움, 가족, 친구, 적 등과 관련된 이야기를 하나씩 풀어 나간다. 한 시간 반이 채 되지 않으나 그만큼 밀도 높은 이야기.

블랙 팬서

Black Panther

등급 ⑫
연도 2018
감독 라이언 쿠글러
출연 채드윅 보스만 (티찰라 / 블랙 팬서), 마이클 B. 조던 (에릭 킬몽거), 루피타 뇽 (나키아), 다나이 구리라 (오코예), 레티티아 라이트 (슈리), 마틴 프리먼 (에버렛 K. 로스) 등
러닝 타임 2시간 14분
리스닝 난이도 4.0

라이언 쿠글러 감독의 2018년 작품. 전통과 현대 혹은 미래 문명이 공존하는 신비의 아프리카 왕국을 훌륭하게 묘사해 MCU 세계관에 새로운 활력을 불어넣었다. 엄청난 성공을 거둔 작품으로 빼어난 영상미와 멋진 음악들, 공들여 제작된 화려하고 특색 있는 의상들, 개성적인 캐릭터들과 완성도 높은 이야기 등 여러 면에서 고르게 인상적인 야심 찬 블록버스터. 그 외의 작품으론 <크리드>(2015) 등이 있다.

운석에서 얻은 강력한 물질인 비브라늄을 이용해 고도의 기술 문명을 이룩한 아프리카 왕국 와칸다는 진정한 힘을 숨긴 채 오랫동안 존재해 왔다. 초인적인 힘을 지닌 와칸다의 수호신 블랙 팬서 티찰라는 아버지의 죽음으로 공석이 된 왕위의 계승식에서 도전자와 결투를 벌인다. 갑작스러운 비보로 모두를 안타깝게 한 배우 채드윅 보스만은 이 작품 외에도 여러 마블 작품들에서 와칸다의 블랙 팬서로 강렬한 인상을 남겼다.

어벤져스: 인피니티 워

Avengers: Infinity War

등급 ⓬
연도 2018
감독 안소니 루소, 조 루소
출연 로버트 다우니 주니어 (토니 스타크 / 아이언맨), 크리스 헴스워스 (토르), 마크 러팔로 (브루스 배너 / 헐크), 크리스 에반스 (스티브 로저스 / 캡틴 아메리카) 등
러닝 타임 2시간 29분
리스닝 난이도 4.0

루소 형제의 2018년 작품. 전 MCU 작품 중에서도 손꼽히는 완성도를 자랑하는 <캡틴 아메리카: 윈터 솔져>(2014), <캡틴 아메리카: 시빌 워>(2016)의 감독인 루소 형제가 연출을 맡은 <어벤져스> 시리즈 세 번째 이야기. 10년에 걸친 대장정을 마무리하는 대형 이벤트에 쏟아진 어마어마한 기대에 충분히 부응한 작품으로 이후의 <어벤져스> 4편과 더불어 블록버스터 흥행사의 기념비적 작품이라 할 만하다. 그간의 거의 모든 히어로를 아우르면서 악역에게도 이야기를 부

여한 캐릭터 영화로서의 빼어난 균형 감각, 효과적인 캐릭터 배치와 활용, 지루할 틈 없는 현란한 액션 장면 등 마블의 지난 10년간의 성과를 집약하는 어려운 과제를 성공적으로 수행해 낸 훌륭한 작품.

여섯 개의 인피니티 스톤을 모두 모으려는 계획하에 타노스는 파워 스톤에 이어 스페이스 스톤을 손에 넣은 후 부하들을 지구에 보낸다. 타노스가 인피니티 스톤을 모두 모을 경우 발생할 재앙을 막기 위해 닥터 스트레인지와 비전이 각기 보유한 타임 스톤과 마인드 스톤을 지키고자 히어로들은 힘을 합치고, 우주와 지구를 무대로 한 거대한 싸움이 막을 올린다.

어벤져스: 엔드게임

Avengers: Endgame

등급 ⑫
연도 2019
감독 안소니 루소, 조 루소
출연 로버트 다우니 주니어 (토니 스타크 / 아이언맨), 크리스 에반스 (스티브 로저스 / 캡틴 아메리카), 마크 러팔로 (브루스 배너 / 헐크), 크리스 헴스워스 (토르) 등
러닝 타임 3시간 1분
리스닝 난이도 4.0

루소 형제의 2019년 작품. <어벤져스> 3편에 이어 타노스 관련 이야기를 다루며 10여 년에 걸친 인피니티 사가를 마무리 짓는 대망의 완결편. 이후의 <스파이더맨: 파 프롬 홈>(2019)은 인피니티 사가의 에필로그에 해당한다. 높은 완성도를 갖춘 블록버스터를 연이어 쏟아 내며 히어로 중심의 신화적 이야기를 써 내려간 마블의 놀라운 행보의 첫 이야기를 훌륭하게 매듭 짓는 뜻깊은 작품. 그 외의 작품으론 <캡틴 아메리카: 윈터 솔져>(2014), <캡틴 아메리카: 시빌 워>(2016) 등이 있다.

타노스와의 전투의 엄청난 여파로부터 여전히 모두가 자유롭지 못한 가운데 극적인 새로운 가능성이 제기되자 히어로들은 다시금 힘을 합친다. <어벤져스> 3편도 좋았지만 이번 편은 더욱 좋다. 어벤져스 원조 멤버들을 중심으로 이야기를 풀어 가며 확실한 팬 서비스를 제공하면서도 짜임새 있게 이야기를 엮어 나간다. 진화를 거듭하며 히어로 영화의 새로운 기준을 확립해 온 MCU 인피니티 사가의 절정이자 장대한 마무리.

ARCTIC OCEAN

PACIFIC OCEAN

INDIAN OCEAN

재미있어야 영어가 들린다
웹소설 오디오북에서 미드, 영화까지: 들리는 영어를 위한 콘텐츠 가이드북

초판 1쇄 발행 2022년 11월 28일

지은이 | 한지웅
펴낸이 | 한지환
디자인 | 정진아

펴낸곳 | 느리게걷다
등 록 | 2016년 2월 2일 제2016-000002호
이메일 | editbooks@daum.net

ISBN 979-11-957362-6-3 (13740)

ⓒ 한지웅, 2022
이 도서는 저작권법의 보호를 받으며 무단 전재 및 복제를 금합니다.